AF453767

CONGRÈS INTERNATIONAL D'HYGIÈNE

ET DE DÉMOGRAPHIE

TENU A BUDAPEST EN 1894

CONGRÈS INTERNATIONAL D'HYGIÈNE

ET DE DÉMOGRAPHIE

TENU A BUDAPEST EN 1894

RAPPORTS DE MISSION

PRÉSENTÉS AU CONSEIL MUNICIPAL DE PARIS

Par MM. A.-J. MARTIN, BECHMANN et L. MASSON

PARIS
—
Imprimerie Municipale
1896

Publié par les soins de la 6ᵉ Commission (1) du Conseil municipal de Paris

et en vertu d'une délibération du Conseil municipal de Paris

en date du 23 décembre 1895 (M. Paul VIGUIER, rapporteur).

(1) La 6ᵉ Commission *(Hygiène — Eaux — Égouts)* est composée de MM. Berthaut, *président;* Landrin, *vice-président;* Paul Escudier, *secrétaire;* Daniel, Gay, Roger Lambelin, André Lefèvre, Lerolle, Arsène Lopin, Ernest Moreau, Riant, Paul Viguier.

RAPPORT DE MISSION

PAR

M. le docteur A.-J. MARTIN

INSPECTEUR GÉNÉRAL DE L'ASSAINISSEMENT ET DE LA SALUBRITÉ DE L'HABITATION DE LA VILLE DE PARIS

SOMMAIRE :

I. — LE CONGRÈS INTERNATIONAL D'HYGIÈNE DE BUDAPEST.

Depuis que l'institution des congrès internationaux d'hygiène et de démographie a pris un développement régulier, ces réunions avaient toujours eu lieu dans des villes dont l'organisation administrative était de date ancienne et dans lesquelles l'hygiène avait, depuis longtemps, pris une place plus ou moins bien définie dans cette organisation. Il en a été ainsi à Bruxelles en 1852 et 1876, à Paris en 1878 et 1889, à Turin en 1880, à Genève en 1882, à La Haye en 1884, à Vienne en 1887 et à Londres en 1891. Le choix de Budapest, ville plus récente, du moins à ce point de vue, pour le siège du congrès de 1894 ne pouvait donc manquer de présenter un certain intérêt; celui-ci devait encore s'accroître du fait du développement si considérable de cette capitale du royaume de Hongrie, ainsi que de toutes ses institutions, depuis vingt-sept ans.

Tandis que dans la très grande majorité de nos villes européennes, — on ne le voit que trop en France! — il est singulièrement difficile de réaliser des améliorations hygiéniques en présence des intérêts multiples, trop souvent divergents, dont il faut tenir compte, tandis qu'on y éprouve tant de peine à adapter les institutions et les pratiques sanitaires aux exigences des mœurs et aux résistances inhérentes à tant de situations acquises, par contre, lors de la constitution du royaume de Hongrie, lors de l'élévation de Bude et de Pesth, unies sous le nom de Budapest, au rang de capitale de cet État, les pouvoirs publics ont pu n'avoir à cet égard d'autre préoccupation que de faire bénéficier la population des avantages d'une organisation sanitaire qu'il leur était loisible de rendre de prime abord aussi complète que possible.

Tel est le point de vue auquel nous croyons devoir nous placer dans ce rapport. En nous faisant l'honneur de nous comprendre parmi les membres de la délégation de la ville de Paris au Congrès de Budapest, le Conseil municipal nous a demandé en même temps de nous joindre à nos collègues pour un rapport d'ensemble faisant connaître les renseignements intéressants recueillis au cours de cette mission, dans la sphère de nos occupations respectives. Laissant ainsi à M. Bechmann l'assainissement général et à M. Louis Masson l'assainissement spécial de l'habitation au point de vue technique, puis à M. le docteur J. Bertillon la démographie et la statistique, nous examinerons plus particulièrement la prophylaxie des maladies transmissibles, l'administration et la législation sanitaires.

§ 1er. — *Prophylaxie des maladies transmissibles. — Diphtérie; sérothérapie.* — La prophylaxie des maladies transmissibles a certainement tenu la plus grande place dans les discussions du Congrès d'hygiène et de démographie de Budapest. Si l'on en élague en effet un grand nombre de hors-d'œuvre, tenant au nombre trop considérable de ses membres et surtout à la multiplicité exagérée des sections, dont plusieurs avaient malheureusement un caractère de spécialisation trop marqué et souvent bien étranger à l'hygiène proprement dite, si, disons-nous, on laisse de côté, comme il convient, la plupart de ces hors-d'œuvre, l'activité scientifique du Congrès s'est concentrée dans les débats relatifs à l'étiologie, à la prophylaxie des maladies transmissibles et aux conséquences pratiques qui en dérivent pour l'assainissement et la salubrité.

Déjà, dans les congrès antérieurs, la microbiologie s'était efforcée d'apporter son contingent de découvertes et d'observations à ces études. Cherchant à éclaircir les obscurités de l'étiologie des maladies infectieuses, aussi bien qu'à définir leur pathogénie, elle poursuit, dans tous les pays, les recherches les plus actives et les plus ardentes. On sait quels succès l'institut Pasteur a déjà obtenus dans ce domaine et combien les doctrines de son illustre maître ont heureusement révolutionné depuis dix ans les antiques conceptions médicales.

Ce n'est pas ici le lieu de discuter, fût-ce même de mentionner, les nombreux travaux de microbiologie présentés au Congrès, non plus que de rappeler, après tous les journaux spéciaux, les débats auxquels ils ont donné lieu. Consignons seulement les faits nouvellement acquis.

Lorsqu'au cours de l'extension d'une épidémie, on voit certains sujets, même frappés par elle, lui résister, on a toujours pensé qu'en dehors de l'action thérapeutique dont l'observation clinique a autorisé l'application, il se passait dans l'organisme certaines modifications dont l'ensemble constitue l'immunité à l'égard des maladies infectieuses en général ou de telle maladie infectieuse en particulier. Aussi cette question passionnet-elle depuis longtemps les expérimentateurs. Voilà dix ans que M. le docteur Metchnikoff, chef de service à l'institut Pasteur, s'efforce de l'élucider en admettant que les germes qui envahissent l'organisme sont englobés et digérés par des cellules auxquelles il a donné le nom de phagocytes. D'autres observateurs attribuent l'immunité à l'action bactéricide des humeurs sur les microbes. Aux congrès antérieurs d'hygiène, la lutte n'avait pas manqué d'être assez vive entre les écoles rivales ; elle a repris à Buda-Pesth, chacun apportant de nouvelles recherches à l'appui de sa manière de voir. Il semble que l'on puisse aujourd'hui se mettre d'accord sur ce point, à savoir que si la phagocytose ne peut être encore considérée comme l'unique cause de l'immunité, le plus souvent elle exerce une action dont l'efficacité paraît indéniable et qui est due à l'action destructive des microbes et des toxines par les sécrétions intra et extra cellulaires.

Non moins intéressant a été l'exposé par M. le docteur Metchnikoff de la découverte du procédé par lequel il vient de pouvoir donner le choléra intestinal à des animaux et, partant, de modifier, par des associations microbiennes diverses, la puissance virulente du vibrion cholérique :

« On a été frappé depuis longtemps, dit-il, par ce fait que l'immunité vis-à-vis du choléra pouvait exister soit dans certaines localités, soit chez un grand nombre d'individus, même dans les pays où la maladie existe à l'état d'endémie ; d'autre part, des recherches nombreuses ont montré le peu de sensibilité des animaux de toute sorte vis-à-vis du virus cholérique.

« L'immunité locale ne peut être expliquée par des conditions particulières empêchant la vie du vibrion spécifique, puisque ce microbe a pu être trouvé en dehors de l'épidémie cholérique et dans des endroits parfaitement indemnes, notamment à Versailles, une des localités classiques pour leur immunité contre le choléra ;... J'ai pu également m'assurer qu'il n'y avait pas lieu d'admettre l'existence d'une propriété préventive particulière au sang des habitants des localités indemnes vis-à-vis du choléra.

« Dans une autre série d'expériences, j'ai fait sur l'homme plusieurs tentatives de vaccination intestinale et j'ai constaté que l'injection de cultures cholériques ne protége pas sûrement contre l'effet pathogène du vibrion de Koch.

« L'hypothèse d'un état de vaccination inconsciente et permanente des personnes indemnes vis-à-vis du choléra étant définitivement écartée, j'ai recherché quelle pouvait être l'action des microbes sur les vibrions en culture, et j'ai vu que le vibrion cholérique développé sur des milieux nutritifs avec d'autres microbes subissait une grande influence de la part de ces derniers. Je suis arrivé à cette conclusion que l'immunité des animaux contre le choléra intestinal était en grande partie due à l'influence de la flore du canal digestif sur le vibrion cholérique.

« Tant que les jeunes lapins ne se nourrissent que du lait de leur mère, ils manifestent une grande sensibilité pour le vibrion cholérique, et il se développe chez eux un choléra intestinal dont l'évolution est facilitée par certains microbes. Les jeunes cobayes sont moins sensibles à l'ingestion du vibrion cholérique que les jeunes lapins. Aussi le choléra intestinal des jeunes cobayes est-il beaucoup moins typique que celui des jeunes lapins.

« La vaccination des jeunes lapins par les cultures stérilisées ou vivantes du vibrion cholérique ne les protège pas contre le choléra intestinal. La protection des jeunes lapins contre le choléra intestinal par le sérum des animaux vaccinés contre la péritonite cholérique est quelquefois efficace ; mais cette action est trop inconstante pour qu'on puisse s'y fier. Le sérum du cheval normal ne peut pas être sûrement utilisé pour protéger les jeunes lapins contre le choléra intestinal.

« Les tentatives que j'ai faites pour empêcher le choléra à l'aide des microbes ont démontré qu'il existe des bactéries dont la présence dans les voies digestives gêne l'action pathogène des vibrions. Ces expériences, non achevées, n'ont pas abouti jusqu'à présent à un résultat définitif.

« Il ressort de mes expériences que la flore microbienne du canal digestif joue un rôle important dans l'immunité et la réceptivité de l'homme et des animaux vis-à-vis du choléra intestinal. En s'appuyant sur ce fait, on peut facilement concilier cette vérité fondamentale, que le vibrion de Koch est l'agent spécifique du choléra, avec les données de l'épidémiologie, notamment avec l'influence des lieux et du temps sur la marche des épidémies cholériques. »

Cette analyse du mémoire de M. Metchnikoff montre que, pour le choléra, la bactériologie et la physiologie expérimentale sont enfin parvenues à posséder une méthode de recherches dont les conséquences ne tarderont pas à se montrer, aussi bien pour élucider les divergences si obscures dans l'immunité anticholérique que pour prévenir les ravages de la maladie dans l'organisme atteint. On sait, d'ailleurs, que M. Hafkine a déjà obtenu de remarquables résultats à l'aide de la vaccination préventive du choléra, dans les Indes anglaises. Contre la fièvre jaune également, M. Gibier et M. Domingos Freire ont fait connaître des succès du plus grand intérêt par leurs procédés de vaccination appliqués au Mexique et dans l'Amérique du Sud.

Ainsi, depuis les mémorables découvertes de Pasteur sur l'inoculation préventive contre le choléra des poules, le charbon, le rouget du porc, depuis qu'il sut, pour la première fois, appliquer scientifiquement à l'homme les procédés de vaccination antirabique, on voit successivement les faits se multiplier qui témoignent en faveur de la portée générale de la méthode d'atténuation des virus et des inoculations préventives.

Je ne saurais insister davantage sur ces questions ; mais il me paraissait indispensable de montrer comment toutes ces recherches s'enchaînent et dérivent de l'ensemble si bien coordonné des déductions que Pasteur et son école ont su tirer des géniales découvertes du début. Le dernier anneau de cette chaîne est constitué par le mode de traitement prophylactique et curatif de la diphtérie par les injections de sérum provenant d'un animal immunisé, dont M. le Dr Roux a entretenu le congrès de Budapest dans une admirable communication, appelée à un légitime retentissement.

Les origines et les développements de cette question ne sont pas sans intérêt pour notre pays. M. le Dr Chantemesse les a résumés récemment ainsi qu'il suit :

« En 1877, Vulpian a présenté à l'Institut, au nom de M. Maurice Raynaud, une note sur le rôle du sang dans la transmission de l'immunité vaccinale *(Comptes rendus*, p. 453). Le médecin de Lariboisière ne s'était pas mépris sur l'importance de sa découverte. Je suis, dit-il, tombé du premier coup sur un résultat dont l'importance me parait considérable. » Au septième jour d'une vaccination jennérienne pratiquée à une génisse, il retira 250 grammes de sang de l'animal qu'il inocula à une génisse saine. Celle-ci ne présenta après cette opération aucun trouble de santé appréciable, mais, quatorze jours plus tard, elle se montra absolument réfractaire à la vaccination jennérienne qu'on lui pratiqua, tandis que toutes les autres génisses saines servant de témoins prirent la vaccine. Maurice Reynaud appréciait ainsi les résultats de ces expé riences : « Ce sang transfusé pouvant seul avoir produit cette modification, il en résulte que ce liquide, contrairement à une opinion plusieurs fois émise par Chauveau, peut, dans certaines conditions données, être considéré comme un très puissant véhicule de virus vaccinal, ou, tout au moins, d'un principe capable de transmettre l'immunité. »

« Cette découverte, publiée à une époque où M. Pasteur n'avait pas encore introduit dans la pathologie ses merveilleuses méthodes d'investigation, ne frappa pas les esprits comme elle eût dû le faire. On ne trouva plus ce qu'on ne cherchait pas.

« En 1888, MM. J. Héricourt et Ch. Richet refirent la découverte expérimentale de la sérothérapie préventive. Dans une note présentée à l'Institut par M. Verneuil, ces savants montrèrent que les lapins qui succombaient à l'inoculation d'un microbe, le staphylococcus pyosepticus, n'obtenaient aucune vaccination préventive par l'injection péritoniale de sang de chien bien portant, mais que cette vaccination ou immunisation préventive leur était conférée par l'inoculation préalable dans le péritoine du sang de chien vacciné contre le staphylococcus pyosepticus.

« En 1889, MM. Roux et Yersin firent dans l'étude de la diphtérie une découverte capitale ; ils trouvèrent la toxine diphtérique sécrétée par le bacille que Klebs, puis Lœffler, avaient isolé des fausses membranes. Cette découverte légitimait le caractère scientifique de ce microbe sur lequel les savants et Lœffler lui-même avaient des doutes. Elle apportait encore un autre éclaircissement.

« En effet, on savait déjà par les travaux de Salmon, de Beumer, de Charrin, de Chan-temesse et Widal, de Roux et de Chamberland, que les produits solubles ou toxines de certains microbes, celui de la fièvre typhoïde notamment, soumis à l'action de la chaleur et inoculés par petites doses à des animaux, étaient susceptibles de leur conférer l'im-munité contre l'inoculation du microbe lui-même. Il en devait être ainsi pour la diph-térie ; l'année suivante, la démonstration directe en fut donnée par Carl Frænkel. La question en était donc à ce point : on savait qu'on pouvait donner préventivement l'immunité contre certaines maladies par l'injection de sang d'animal vacciné ; ou savait aussi qu'avec la toxine diphtérique on pouvait vacciner un animal contre la diph-térie. C'est à ce moment, en 1890, que la thérapeutique de la diphtérie réalisa un pro-grès décisif avec les travaux de MM. Behring et Kitasato. Ces savants reconnurent que le sérum des animaux vaccinés contre la diphtérie renfermait une substance qu'ils nom-mèrent antitoxine, et qui, inoculée à des animaux avant et même après l'injection diph-térique, leur donnait le pouvoir de résister à cette infection et d'en triompher lorsqu'elle s'était déjà développée. M. Behring eut l'honneur de comprendre dans toute leur éten-due et de fixer les applications pratiques de ce traitement chez l'homme.

« Cependant, tandis que M. Roux, à l'institut Pasteur, étudiait le traitement antidiphtérique et se servait le premier du cheval vacciné pour obtenir en grande quantité le sérum, la conviction n'était point faite en Allemagne, et les savants les plus experts dans l'étude de la diphtérie, attendaient, pour se convaincre, la publication de résultats probants.

« Les communications de M. Roux au congrès de Budapest visèrent deux points. Elles établirent que le sérum d'animaux vaccinés contre une maladie n'avait pas, dans ses propriétés préventives et curatrices, un pouvoir strictement spécifique limité à la cure de la maladie en question ; mais que se pouvoir se faisait sentir dans les affections les plus disparates en apparence, tel le sérum d'un lapin vacciné contre la rage, qui protège contre la morsure des serpents venimeux. Elles établirent surtout que l'injection de sérum de cheval vacciné contre la dipthérie avait abaissé la mortalité diphtérique, à l'hôpital des Enfants-Malades, de 50 % à 24 %. Les recherches de M. Roux faites pour quelques-unes avec la collaboration de ses préparateurs MM. Martin et Chaillou, et portant sur plusieurs centaines de cas, avaient un tel cachet de précision, elles projetaient une si grande lumière de certitude sur des faits de même ordre, annoncés par Behring et ses élèves, que la conviction fut faite non seulement parmi les membres du congrès de Budapest, mais en France, en Allemagne et bientôt dans le monde entier.

« Les résultats de la méthode appliquée en France sur un grand nombre de cas depuis le congrès de Budapest ont été de plus en plus favorables ; la mortalité hospitalière de la diphtérie, qui dépassait 50 %, ne s'élève plus aujourd'hui qu'à 12 %. Il n'est pas douteux que le bénéfice des vies humaines sauvées ne doive encore s'accroître. »

Cette espérance, personne ne peut l'ignorer, n'a pas été déçue. M. le docteur Moizard vient de montrer qu'à l'hôpital Trousseau, depuis l'application de la pratique de la sérothérapie, la mortalité globale s'est abaissée jusqu'à 14,71 %. Partout elle a donné des résultats analogues. Le professeur Virchow, analysant ceux qui ont été obtenus à Berlin et répondant aux détracteurs de la méthode, déclarait qu'il n'y a « aucun doute possible sur les heureux effets de la sérothérapie antidiphtérique. Il n'est pas de considérations théoriques qui tiennent devant la brutalité de ces chiffres (12,6 % de mortalité au lieu de 47,8 %). Il existe encore, au sujet de la méthode, bien des inconnues que l'expérience éclairera. Mais c'est déjà un devoir pour le médecin sérieux d'y avoir recours. Les inconvénients sont bien peu de chose à côté des avantages, ce que l'on ne pouvait pas dire au sujet de la tuberculine dont le danger était évident, mais non l'utilité. »

Aussi l'Académie de médecine, consultée par le Gouvernement, a-t-elle, à l'unanimité, « émis un avis favorable sur l'emploi de sérum antidiphtérique et formulé, on outre, le vœu que l'institut Pasteur soit mis en mesure de faire face aux demandes de sérum qui pourront lui être faites soit par les médecins, soit par les pouvoirs publics. »

Depuis la séance du 16 octobre dernier dans laquelle ce vœu a été adopté, le Conseil municipal de Paris et le Conseil général de la Seine ont fourni à l'institut Pasteur les subventions nécessaires à l'entretien de 100 chevaux, logés dans une écurie spéciale, pour assurer à la ville de Paris et au département de la Seine une distribution suffisante du sérum antidiphtérique (1).

Dans la citation que nous venons de faire de l'appréciation, peu suspecte de complaisance, de M. le professeur Virchow en faveur de la sérothérapie, on a pu remarquer qu'il est fait allusion, par contre, aux insuccès de la tuberculine dans son application à l'espèce humaine. Il serait injuste de ne pas ajouter qu'en ce qui concerne les animaux, cette substance, notamment à la suite des recherches de M. le professeur Nocard (d'Alfort), n'a pas cessé de devenir un remarquable procédé de diagnostic pour la tuberculose, de même que la malléine pour la morve. En effet, M. Nocard a présenté au congrès de Buda-Pesth les résultats d'une enquête très étendue sur les méthodes de diagnostic précoce de ces affections par la pratique des injections de tuberculine et de malléine. Grâce à ses recherches, l'on pourra bientôt dresser la carte du degré de fréquence de la tuberculose et de la morve chez les animaux, suivant les régions et les races. Comme leur extension dépend presque exclusivement de la contagion, on voit aisément combien leur diagnostic précoce importe afin d'assurer plus rapidement et plus complètement l'exécuton des mesures prophylactiques que notre législation sanitaire vétérinaire n'a pas hésité à édicter.

« Dans toute exploitation où l'on a constaté, où l'on redoute l'existence du mal, déclare M. Nocard, il faudrait soumettre tous les animaux à l'injection de tuberculine ; tous ceux qui manifesteraient la réaction caractéristique seraient aussitôt séparés des animaux sains, dont l'étable serait désinfectée à fond ; on ne serait pas obligé pour cela de les sacrifier immédiatement ; on pourrait encore les faire travailler, ou utiliser leur lait, après cuisson ; on devrait surtout les préparer pour la boucherie, de façon à en tirer le meilleur parti possible ; de ce côté, le propriétaire aurait certainement bien peu de risques à courir : la maladie étant reconnue à ses débuts, au moins pour le plus grand nombre des animaux, ils engraisseraient aisément et la perte résultant de leur sacrifice prématuré serait ainsi réduite au minimum ; livrés de bonne heure à la boucherie, leurs lésions seraient si peu importantes qu'aucun inspecteur n'oserait en prononcer la saisie.

« L'essentiel, en tout cas, serait de ne pas laisser les malades au contact des animaux sains et de les exclure impitoyablement de la production. Les jeunes échappant pour la plupart à l'infection, l'élevage ne serait pas compromis et les vides pourraient être comblés en quelques années ; partout où j'ai appliqué les injections de tuberculine, j'ai pu affirmer aux propriétaires que les jeunes reconnus sains resteraient sains dans l'avenir, à la condition d'être séparés des malades ; partout, l'expérience a confirmé l'exactitude de ces prévisions.

« Il est clair que l'exploitation, une fois assainie, devrait être maintenue à l'abri

---

(1) Il est inutile de rappeler que, depuis que ces lignes ont été écrites, en 1894, les succès de la sérothérapie antidiphtérique n'ont fait que s'accroître.

d'une infection nouvelle ; il suffirait pour cela de n'y plus introduire d'animaux nouveaux, sans les avoir soumis à l'épreuve de la tuberculine.

« Grâce à ces moyens simples, les propriétaires d'animaux pourraient d'eux-mêmes, rapidement et à peu de frais, sans rien attendre de l'État, s'affranchir du lourd tribut qu'ils payent chaque année à la tuberculose. »

Telles sont les données pratiques les plus importantes qui, pour certaines affections de l'espèce humaine, ou communes à l'homme et aux animaux, ont été exposées au congrès de Buda-Pesth. On voit qu'elles apportent une contribution pleine de légitimes espérances à la prophylaxie sanitaire, qu'elles tendent à compléter par la généralisation de la vaccination à diverses maladies autres que la variole.

Nous avons eu l'honneur de lire à ce Congrès deux mémoires : l'un sur l'organisation du service de la prophylaxie contre la variole à Paris ; le second sur le service municipal de désinfection de la ville de Paris et sur les conditions que doivent remplir les appareils et les procédés de désinfection.

Il nous a été agréable, dans cette circonstance, de faire apprécier l'œuvre sanitaire accomplie par la municipalité de la ville de Paris et de faire applaudir les résultats auxquels elle est parvenue.

Sur notre proposition, et à l'unanimité, le Congrès a voté une résolution applicable aux opérations de désinfection.

On en trouvera le libellé aux pièces annexes ci-après publiées.

II. — ORGANISATION SANITAIRE DE LA HONGRIE.

Prophylaxie administrative. — Organisation sanitaire. — On est d'accord pour admettre que la prophylaxie des épidémies et des maladies transmissibles doit comprendre dès maintenant un certain nombre de mesures dont l'exécution peut être abandonnée aux particuliers ou confiée à l'Administration sanitaire; dans ce dernier cas, ces mesures doivent être conformes à la législation, générale ou spéciale.

Parmi ces mesures, les unes sont d'une exécution immédiate et leur rapidité d'application doit être en rapport avec l'urgence du but à atteindre ; les autres peuvent avoir une échéance plus éloignée. C'est qu'en effet l'histoire de toutes les épidémies montre qu'elles naissent ou se développent surtout dans les milieux dits insalubres ; c'est là qu'elles exercent les plus grands ravages, qu'elles ont la plus longue durée et qu'elles font le plus de victimes. Accroitre la salubrité d'une localité ou d'un pays, c'est tout au moins prémunir cette localité, ce pays, contre la violence des manifestations épidémiques. La science a démontré tout ce que l'on gagne à stériliser l'air, l'eau, le sol, à les rendre impropres à la culture des micro-organismes, causes ou effets des maladies transmissibles, caractéristiques en tout cas de leur pouvoir de propagation,

Au point de vue pratique, qui seul intéresse ici, il faut donc se préoccuper de posséder des moyens immédiats et des moyens plus ou moins éloignés d'assurer la prophylaxie des épidémies et des maladies transmissibles. Les premiers se subdivisent comme il suit : l'information officielle des cas de ces maladies, la vaccination pour les affections dont le vaccin a été jusqu'ici trouvé, l'isolement, la désinfection sous toutes ses formes. Les seconds comprennent les mesures d'assainissement des habitations, les mesures locales de salubrité, les grands travaux d'assainissement et l'organisation de la statistique démographique.

Pour les raisons que nous avons rappelées plus haut, nous devons laisser à nos trois collègues le soin de donner les renseignements recueillis dans leur mission en ce qui concerne cette seconde catégorie de mesures prophylactiques et nous borner à envisager celles de la première catégorie.

La loi hongroise de 1876 sur l'organisation de l'hygiène publique, dont nous reproduisons plus loin la traduction complète, donne de très grands pouvoirs à l'Administration afin d'assurer l'exécution de ces mesures. Toutes sont obligatoires, en même temps que leur sanction est établie par les pénalités inscrites principalement à l'art. 7, ainsi que dans certains paragraphes spéciaux suivant la nature des mesures édictées. Nous y reviendrons plus loin, ne voulant en ce moment que mentionner l'existence de cette loi, grâce à laquelle les institutions sanitaires de Budapest se sont si rapidement développées.

L'administration sanitaire de l'État a été organisée en Hongrie par la loi XIV de 1876. En vertu de cette loi, la direction de l'hygiène publique de l'État et tout ce qui sert à maintenir, à améliorer et à rétablir la santé publique est soumis à la surveillance des autorités gouvernementales. Cette surveillance est exercée par des inspections périodiques faites d'office et en raison des plaintes pouvant se produire; elle embrasse ensuite les conditions générales de l'hygiène publique, la mortalité, la pureté de l'atmosphère, les constructions, les abattoirs, le bétail, l'approvisionnement; l'état sanitaire des enfants, des écoles et établissements analogues, des maisons de détention et prisons de l'État, des hôpitaux et hospices, des asiles d'aliénés et des pharmacies, des ateliers industriels, les épidémies, la vaccination, les établissements balnéaires, les eaux minérales, la pratique des médecins et des sages-femmes, l'hygiène des chemins de fer et de la navigation, la vente des substances toxiques, les formalités relatives aux cadavres, etc.

Les services sanitaires sont du ressort du pouvoir communal, des municipalités et du ministère de l'Intérieur. Le ministre de l'Intérieur, dans les mains duquel sont centralisés tous les services d'hygiène publique, présente chaque année au Parlement un rapport sur l'état sanitaire du pays. Au ministère de l'Intérieur existe une division d'hygiène comprenant des médecins employés comme fonctionnaires de l'État. Actuellement, cette division est dirigée par le docteur Cornel Chyser, conseiller ministériel; il a sous ses ordres six inspecteurs sanitaires qui, pendant les épidémies ou dans certaines occasions, sont délégués en qualité de commissaires ministériels dans les diverses régions du pays afin d'ordonner et de contrôler les mesures sanitaires prescrites. Le ministère entretient en outre un institut de bactériologie. Une autre division du même département, celle des hôpitaux et maisons d'aliénés, est dirigée par le conseiller de section Charles Bulle.

En vue de la discussion scientifique des questions se rattachant à l'hygiène, il a été institué un conseil national d'hygiène publique, assemblée consultative sans pouvoir exécutif. Son président, nommé par la loi, est le docteur Frédéric Koranyi. Le conseil de médecine légale est présidé par le docteur Joseph Kovacks.

La déclaration des cas des maladies épidémiques et même des affections contagieuses est obligatoire en Hongrie, aux termes de l'art. 80 de ladite loi, pour les médecins, les ecclésiastiques, les instituteurs et, en général pour tous ceux qui en ont connaissance. L'autorité communale est également tenue d'en avertir immédiatement « la juridiction sanitaire de première instance qui en avise le Département. » Celui-ci prend toutes les mesures que comportent les circonstances et que prescrivent des règlements périodiquement renouvelés.

C'est ainsi que l'autorité départementale est chargée (art. 81) « d'établir des hôpitaux selon les besoins, pour la réception des malades épidémiques, d'organiser les secours médicaux, de fournir les médicaments nécessaires, de créer et de faire instruire le personnel de service, d'opérer l'isolement des malades des populations saines, de donner des secours aux indigents; elle fait exécuter les mesures de désinfection, de propreté et de surveillance des aliments et denrées, et tout ce qu'elle juge nécessaire pour détruire les causes d'infection ou d'épidémie ; elle est tenue en outre de recueillir les documents statistiques concernant l'état et la propagation de l'épidémie et de préparer les rapports périodiques et d'ensemble devant servir à éclaircir les origines, les caractères spéciaux, la marche et la durée de l'épidémie. L'autorité départementale a le droit dans ce cas d'établir des hôpitaux ou divisions homéopathiques. »

Remarquons encore que « les chefs de famille, les industriels, les fabricants, directeurs de mines et chefs de pensionnat, lorsqu'il se déclare dans leur famille, parmi leurs ouvriers, domestiques, apprentis ou pensionnaires, des cas d'une maladie épidémique ou contagieuse, sont tenus de faire donner immédiatement des soins médicaux aux malades quand même l'autorité u'aurait pas encore pris ses dispositions. Dans les épidémies se propageant par contagion, le traitement médical peut être imposé par la force (art. 83) ». (Voir le texte complet de la loi, page 83.)

Afin d'obéir à ces prescriptions, Budapest a développé ses hôpitaux, créé un établissement de désinfection, un institut de bactériologie, un institut de vaccination et de revaccination, sans compter les institutions dues à l'initiative privée.

III. — ORGANISATION ET INSTITUTIONS SANITAIRES DE BUDAPEST.

Organisation administrative. — L'organisation administrative de la ville de Budapest date de la loi XXXVI de 1872 par laquelle ont été réunies en une seule commune les villes libres royales de Buda et de Pest, le bourg du Vieux-Bude et l'île Marguerite. Ainsi a été constituée la capitale du royaume de Hongrie.

En vertu de son droit d'autonomie, la capitale décide de ses affaires intérieures : elle édicte des statuts, elle fait exécuter ses décisions par ses propres organes, elle élit ses fonctionnaires, elle pourvoit aux frais de son autonomie et de son administration, elle entretient enfin des rapports directs avec le Gouvernement.

Au point de vue de la police, Budapest a une autonomie plus restreinte que les autres communes du pays. Dans le territoire de la capitale, la police « d'observation, de prévention et de recherches » est faite par les agents de l'État. Le Conseil municipal a bien le droit d'édicter des règlements de police, mais leur exécution relève de la police de l'État. Pour ce qui concerne la voirie et les habitations, l'autonomie a été essentiellement restreinte par la loi X de 1870, laquelle détermine la compétence et la juridiction du Conseil des travaux publics de la capitale (fovàrosi koz munkatanàcsvak).

Le président de la municipalité (premier bourgmestre) est élu par le Conseil municipal parmi trois personnes désignées par le Roi et pour dix ans.

Le Conseil municipal se compose de 400 membres, dont la moitié est élue parmi les 1,200 citoyens les plus imposés de la capitale ; l'autre moitié est choisie parmi la totalité des électeurs ; les élections ont lieu par arrondissement et tous les six ans.

La présidence du Conseil municipal appartient au premier bourgmestre et, en cas d'empêchement, à l'un des vice-bourgmestres.

Les organes de la municipalité sont : le bourgmestre, les deux vice-bourgmestres, le magistrat, les chefs d'arrondissement, puis les fonctionnaires et employés d'après l'état fixé dans le statut d'organisation. Le « Magistrat » est présidé par le bourgmestre ; il comprend, en outre, les deux vice-bourgmestres, le secrétaire général de la Ville et les dix chefs de division : il est l'organe exécutif du Conseil municipal dans les affaires administratives autonomes ; il fonctionne comme autorité autonome dans les affaires énumérées par les lois et les règlements ; il nomme ceux d'entre les employés et les instituteurs qui ne sont pas nommés par le Conseil municipal ; il décide soit dans des séances plénières, soit dans les sections administratives. Appel peut être interjeté de ses décisions auprès du ministre de l'Intérieur pour les affaires administratives et auprès du Conseil municipal pour les affaires ayant trait aux finances de la Ville.

En vue de la bonne gestion des affaires administratives de la municipalité, la capitale est divisée en dix arrondissements ; à la tête de chaque arrondissement est placé un chef que le Conseil municipal nomme directement parmi les citoyens de la Ville et auquel sont adjoints des « jurés d'arrondissement » et un notaire devant avoir fait des études juridiques. D'après la loi qui va entrer en vigueur, tous les bureaux d'un arrondissement relèveront du chef d'arrondissement, lequel assumera une partie de la compétence du Magistrat et jugera les contraventions de simple police; il lui sera adjoint des commissions d'arrondissement.

Depuis l'année 1875, la police relève directement de l'État et sa compétence, en vertu de la loi XLVI de 1889, s'étend aussi sur les communes de Uj-Pest et Rakos-Palota. Elle est dirigée par le chef-capitaine de police nommé par le Roi et comprend neuf capitanats d'arrondissement. La police ressort, en premier lieu, de la Commission administrative de la capitale et, en second et dernier lieu, du ministre de l'Intérieur. Les déclarations de séjour sont reçues au bureau de la police. Les brigades policières comprennent 930 agents, soit les sergents de ville (en uniforme) à pied et à cheval et les agents secrets (détectives).

Malgré l'augmentation extraordinaire des besoins de la Ville, les finances de Budapest sont en bon état. Le budget des dépenses s'élevait en 1867, pour Bude et Pesth, à 2 millions de florins et en 1894 à 16,531,136 florins. Les appointements du personnel administratif dépassent un million; les écoles absorbent plus de 2 millions; l'entretien des voies publiques exige 1,200,000 florins et le nettoyage des rues 400,000 florins.

Fin 1892, l'actif de la capitale s'élevait à 114 millions de florins, le passif à 24 millions, ce qui fait ressortir un actif net de 90 millions. Dans l'inventaire de Budapest, les 294 bâtiments appartenant à la ville et les quais du Danube figurent pour 37 millions; les terrains, qui couvrent 4,376 hectares, pour 60 millions. Il s'ensuit que la capitale hongroise est une des villes les plus riches du continent et qu'elle possède un domaine fort important.

ORGANISATION SANITAIRE DE BUDAPEST. — En vertu de la loi sur l'hygiène publique, le bourgmestre (actuellement M. Charles Kamermayer, conseiller ministériel) est le chef de l'administration sanitaire. Les affaires de cette administration relèvent de la section sanitaire du Magistrat (section B de la présidence), dirigée par le conseiller Jean Haberhauer. Cette section arrête les règlements d'hygiène publique et de police sanitaire, les prescriptions générales d'hygiène et les mesures contre les épidémies et les maladies contagieuses; elle surveille les pharmacies et les bains publics, les hôpitaux publics et privés, les établissements médicaux, la construction, l'entretien et l'installation des hôpitaux municipaux, les cimetières, le transport des cadavres, la constatation des décès, les affaires vétérinaires et les épizooties, et enfin la salubrié publique.

L'autorité est secondée par une Commission consultative d'hygiène publique : président, le bourgmestre; vice-président, le chef de la section sanitaire du Magistrat; secrétaire, le secrétaire de ladite section; membres, le médecin en chef de la ville, le médecin en chef de la police ou leurs suppléants, les médecins d'arrondissement, les directeurs des hôpitaux et 30 membres que le Conseil municipal choisit dans son sein. En temps d'épidémie grave. cette Commission se transforme, sous la présidence du bourgmestre ou de son remplaçant, en Commission d'épidémie, laquelle a des pouvoirs encore plus étendus, car elle correspond directement avec le ministère de l'Intérieur et autres autorités et ses décisions sont exécutoires nonobstant les appels interjetés. En dehors de la Commission d'épidémie, on peut instituer, dans les arrondissements, des commissions locales présidées par les chefs d'arrondissement.

La juridiction sanitaire comporte trois instances : chef d'arrondissement, Magistrat de la ville et ministre de l'Intérieur.

Un rôle important incombe aux chefs d'arrondissement, car ils ont à surveiller l'observation des règlements concernant la propreté et la santé publiques, les domestiques, le service des pompiers, les constructions et les marchés. Ils sont tenus à dénoncer toutes les lacunes qu'ils relèvent, ainsi que les contraventions constatées. En vertu du paragraphe 3 de la loi xiv de 1876, les chefs d'arrondissement sont les autorités sanitaires de 1re instance, avec les médecins d'arrondissement comme organes consultatifs.

Les services médicaux de l'hygiène publique sont gérés par le bureau du médecin en chef de la Ville.

Le médecin en chef de la ville, actuellement le docteur Louis Gebhardt, surveille la santé publique de la capitale; il est le chef du personnel sanitaire, l'organe technique du Conseil municipal et du Magistrat, il peut formuler des propositions concernant les affaires sanitaires, ouvrir des enquêtes et donner des avis scientifiques. Le médecin en chef dirige le bureau médical de la ville; il est secondé par son adjoint (nommé à vie par le Magistrat), actuellement le docteur Adolphe Schermann.

Dans les arrondissements, ce sont les médecins d'arrondissement qui pourvoient au service sanitaire et qui donnent des soins gratuits aux malades indigents. Il y a treize médecins d'arrondissement et trois médecins municipaux dans la banlieue.

Depuis le choléra de 1892, il existe encore un inspecteur sanitaire et vingt-quatre surveillants sanitaires qui doivent veiller sur place à l'exécution des mesures préventives.

Lors de la réorganisation des présidences d'arrondissement, on compte aussi modifier le service sanitaire, en créant des médecins d'arrondissement auxquels sera interdite la pratique privée, ainsi que d'autres médecins chargés de soigner les malades.

La constatation des décès est effectuée par quatorze médecins spéciaux.

Les sages-femmes d'arrondissement, au nombre de dix-neuf, sont tenues de donner gratuitement leurs soins aux femmes enceintes, aux accouchées et aux nouveau-nés appartenant aux classes indigentes.

Les vétérinaires d'arrondissement ont à surveiller l'état de santé du bétail de leur circonscription et à accomplir tous les services qui les concernent, conformément aux lois et règlements vétérinaires, à inspecter les abattoirs, les marchés, les boucheries et les charcuteries.

Le chimiste de la Ville effectue, avec le concours de deux chimistes-adjoints, les analysès réclamées au point de vue de l'hygiène et de la police sanitaire ; il doit principalement examiner l'eau servant à l'alimentation.

Les institutions municipales créées au point de vue de la santé publique sont : les hôpitaux, l'établissement de désinfection, l'Institut de vaccine, les aqueducs et les bains publics.

Nous résumons comme suit l'exposé des installations hospitalières que notre collègue et ami, M. L. Masson, a étudiées de son côté au point de vue de l'hygiène de leur construction.

HOPITAUX. — Les établissements hospitaliers sont nombreux à Budapest ; les hôpitaux généraux ou grands hôpitaux sont tous entretenus par la Ville, l'État n'ayant à sa charge que les deux maisons de santé et les cliniques universitaires.

Le plus considérable de ces établissements, l'hôpital Saint-Roch, remonte au XVIII° siècle. Lors de la grande peste qui sévit en 1711, dit M. le docteur Thirring dans le guide qu'il a rédigé à l'occasion du Congrès, et auquel nous devrons faire de fréquents emprunts, les bourgeois de Pesth firent construire par souscription une chapelle votive dédiée à Saint-Roch ; sur le vaste terrain qui en dépendait, on éleva plus tard un asile pour vieillards indigents. Cette institution fut le berceau de l'hôpital Saint-Roch, qu'on agrandit peu à peu par l'adjonction de diverses constructions. Avec toutes ses dépendances, il compte aujourd'hui 18 divisions avec 113 salles et 1,579 lits, savoir : trois divisions pour les maladies internes, trois pour la chirurgie, deux pour les maladies vénériennes, une d'ophtalmologie, trois pour les maladies de l'abdomen, des oreilles et du larynx, avec un cabinet spécial de consultations pour les affections du nez, de la bouche, de la gorge et du larynx ; plus quatre divisions pour les maladies transmissibles. Le personnel médical comprend : un directeur qui est médecin, quinze chefs de service, huit médecins-adjoints et seize assistants ; le nombre des infirmier s'élève à 112. Le mouvement des malades a été de 21,164 en 1893, donnant 395,993 journées de maladie.

L'ancienneté de cet hôpital, dont les fenêtres sont parcimonieusement ménagées et les plafonds bas, n'empêche pas qu'il ait été assez bien aménagé et surtout qu'il soit très proprement tenu, ainsi que d'ailleurs tous les établissements hospitaliers de Budapest.

L'hôpital Saint-Jean est aussi d'origine très ancienne ; il comprend aujourd'hui 178 lits répartis en 20 salles et une section d'observation pour les aliénés (4 salles et 15 cellules) ; les salles sont divisées en deux sections de maladies internes, deux de chirurgie, une de maladies des yeux et une d'accouchements. L'hôpital, avec une annexe dite Hôpital du III° arrondissement, est desservi par un directeur, un chef de service, quatre médecins et quatre assistants. On y a soigné 4,397 malades (99,875 journées) en 1892 et reçu 469 personnes dans la section d'observation.

Les principaux hôpitaux civils, de construction récente, sont situés sur l'avenue d'Ullo, à l'une des extrémités de la ville, presque en pleine campagne.

Après être passé devant les baraques du III° arrondissement construites en 1882 pour être affectées aux cholériques et qui sont destinées à disparaître prochainement, on aperçoit l'hôpital Saint-Étienne, inauguré le 25 août 1885, sur un terrain de 60,000 mètres carrés. Il se compose de 17 pavillons élevés au milieu de plantations d'arbres. Huit pavillons servent au traitement des malades ; ils renferment 48 chambres pouvant recevoir chacune 1 à 4 malades.

Les salles, dont le cube varie de 688 à 1,290 mètres, sont placées dans les pavillons à étage et renferment de 16 à 28 lits chacune. L'hôpital, que desservent 9 médecins en chef, 5 médecins adjoints et 6 assistants, compte en tout 722 lits, répartis dans trois divisions de médecine, une de chirurgie, une de pathologie cutanée, une de maladies nerveuses, une sous-division de chirurgie et une division spéciale aux affections cancéreuses. Son mouvement annuel est de 13,021 malades, fournissant 322,515 journées. Il a coûté 2,800,000 francs.

Beaucoup plus intéressant encore est, au point de vue de l'hygiène, le nouvel hôpital Saint-Ladislas, uniquement destiné aux maladies transmissibles et qui doit s'ouvrir très prochainement, car il est définitivement aménagé.

Il se compose essentiellement de huit pavillons isolés, mais reliés par un passage couvert médian avec dégagements latéraux. Ces pavillons sont individuellement destinés à une maladie transmissible, variole, rougeole, scarlatine, etc.

Chaque pavillon se divise lui-même en deux parties : la première comprend une vaste salle de 16 lits, puis on passe dans un large vestibule sur lequel s'ouvrent quatre chambres séparées pour malades graves ou convalescents ; deux de ces chambres sont à 4 lits, une à 1 lit et une à 2 lits pour convalescents. Aux deux extrémités de la salle commune se trouvent la chambre des infirmiers, le vestiaire, la salle de bains et les water-closets.

Les services administratifs sont placés dans un bâtiment central à l'entrée ; la cuisine, la buanderie, le pavillon de désinfection, le service des morts, la remise pour les voitures de transport, forment autant d'édicules distincts, bien séparés les uns des autres, sans compter une glacière spécialements aménagée dans le jardin sous un toit couvert de chaume. Chaque pavillon a son appareil propre de chauffage à vapeur, dont la chaudière et le foyer sont aménagés latéralement. L'hôpital reviendra à 1,300,000 fr. pour 208 lits, soit 6,250 fr. par lit.

Parmi les autres hôpitaux de Buda-Pesth, qui, en dehors des hôpitaux militaires, appartiennent pour la plupart à des sociétés privées, dont les ressources proviennent de legs ou sont alimentées par des subventions volontaires, on peut donner une mention particulière au nouvel hôpital Stéphanie pour les enfants malades pauvres ; les salles y sont vastes, les lits bien espacés, la ventilation assurée par de larges fenêtres. Les maladies contagieuses de l'enfance y sont traitées dans des pavillons séparés, très bien aménagés, dans le jardin derrière le bâtiment principal. Citons encore le remarquable hôpital Elisabeth de la société de la Croix-rouge, élevé à Bude sur une superficie de 47,520 mètres carrés. Il comprend une partie centrale formée de seize pavillons et des baraques qui, en cas de guerre, pourraient recevoir 680 blessés.

L'hôpital proprement dit se compose de 8 salles et 40 chambres particulières, avec un total de 128 lits où sont passées, en 1892, 983 personnes dont 70 qui accompagnaient les malades. Neuf médecins le desservent ; le personnel des infirmières comprend 1 inspectrice laïque, 1 supérieure religieuse, 13 infirmières laïques et 16 religieuses. Comme dans tous les hôpitaux importants de Buda-Pesth, le directeur est médecin.

Enfin, depuis quelques années on a édifié des cliniques universitaires, sur le modèle si parfait des instituts allemands, deux pour la médecine, une pour la chirurgie, une pour les maladie des yeux.

Établissement municipal de désinfection. — Cet établissement a été créé au cours de l'été de 1892, à titre temporaire ; mais il n'a pas tardé à devenir permanent, en raison des grands services qu'il a rendus, surtout pendant l'épidémie cholérique de 1892.

Il occupe un emplacement de 400 mètres carrés sur la route en arrière de l'hôpital de l'avenue d'Ullo. Au milieu du terrain s'élève un bâtiment provisoire, long de 14 mètres et large de 10 mètres, qui renferme trois étuves fixes à vapeur. Le mur dans lequel sont encastrées lesdites étuves sépare la construction en deux sections absolument indépendantes et sans communication aucune entre elles. D'un côté on introduit dans les étuves les objets à désinfecter et de l'autre on les retire après l'opération. Cette rigoureuse séparation s'étend également sur le personnel et les voitures du service, de sorte que les objets sortant des étuves ne peuvent plus contenir aucun germe d'infection. Parmi les trois étuves, l'une est sortie de l'usine de M. Oscar Schimmel, à Chemnitz ; les autres ont été fabriquées par la maison Zellerni à Budapest. Les dimensions des étuves sont telles qu'on y peut introduire tout un lit ou une table entière. Chacune des étuves a un cube de 4, 5 mètres carrés et on les peut charger 50 fois par 24 heures, de sorte que la quantité d'effets pouvant être désinfectés dans une journée est très considérable. Pour l'achèvement de cet établissement, il a été inscrit au budget de 1894 la somme de 132,000 florins.

L'Administration municipale a en même temps organisé, suivant le système en usage à Berlin, la désinfection des logements. On a créé, à cet effet, pendant le choléra de l'année 1892, un corps de 48 désinfecteurs. En temps normal, ce service comporte 32 employés. Actuellement, la désinfection est opérée dans chaque cas de maladie contagieuse.

Pratique de la désinfection. — La technique usitée dans le service municipal de désinfection de Budapest est la suivante, d'après les indications que nous avons fait traduire d'une notice de son directeur, M. le docteur Bukowsky :

La désinfection, telle qu'on la pratique à Budapest comprend, pour chaque cas particulier, cinq opérations distinctes :

1° Le transport à la station de désinfection des objets infectés ;

2° La désinfection des locaux ;

3° La désinfection, par la vapeur, des objets transportés à la station ;

4° La sortie de l'étuve des objets désinfectés ;

5° Le retour de ces objets au domicile de leur propriétaire.

1° Le transport des objets infectés se fait dans des voitures spéciales, peintes en *bleu* et hermétiquement closes.

Chaque voiture est accompagnée, outre le cocher, de deux agents qui, au domicile contaminé, procèdent à l'empaquetage.

Il est interdit de sortir du local infecté aucun objet qui n'ait été enveloppé dans des toiles spéciales; celles-ci sont différentes selon les objets et, pour que la manipulation en soit plus facile, elles sont marquées des lettres A, B, C, D, F; elles sont humectées d'une solution d'acide phénique à 5 °/₀.

Il faut prendre soin, pendant l'empaquetage, de ne pas plier les étoffes, mais de les rouler, de séparer les effets propres des sales, les humides des secs. Les effets d'habillement sont enveloppés dans des enveloppes spéciales (A) et suspendus sur des porte-manteaux.

Pendant l'empaquetage, les agents sont couverts de manteaux en toile à voile; lorsque ce travail est terminé, ils les enlèvent pour les remettre dans une boîte spéciale afin de les faire désinfecter.

Les agents chargés du transport notent exactement les objets emportés; ils en font certifier, après vérification, le nombre et la valeur par une signature du propriétaire, puis ils les transportent à la station de désinfection.

Dans la même voiture, les mêmes agents peuvent transporter des objets contaminés provenant de plusieurs domiciles; ils en font toutefois des notes séparées.

Le cocher reçoit une feuille de route dans laquelle le chef de station marque ponctuellement l'heure du départ et du retour à la station.

Les agents remettent les objets apportés au surveillant, d'après le relevé fait et chaque pièce séparément.

2° Les agents chargés de la désinfection des locaux y sont transportés par les voitures spéciales du service, car ils ne doivent aller ni en tramways, ni en omnibus, ni dans d'autres voitures publiques.

Pour chaque domicile à désinfecter, on envoie deux agents au moins. Dans chaque cas, ils reçoivent des feuilles spéciales leur permettant de faire connaître le temps employé à l'opération; d'après ces indications, on envoie à l'heure fixée la voiture spéciale qui doit les ramener à la station.

Le personnel employé à ce service est subdivisé par groupes de deux agents, formant une escouade qui est munie de tout le matériel approprié, matériel dont la nomenclature sera reproduite plus loin.

La désinfection du local se fait de la manière suivante :

Les agents, dès leur arrivée au local contaminé, ôtent leurs uniformes dont ils font un paquet déposé dans l'endroit où ils sont le moins exposés à la contagion, après quoi ils revêtent leurs habits de travail (cette prescription est rigoureusement ordonnée).

Ils font ensuite bouillir, dans le local contaminé, l'eau nécessaire à leur travail. Le propriétaire dudit local doit fournir les combustibles nécessaires. Il est interdit aux employés de se servir des objets qu'ils y trouveraient ou qu'ils pourraient emprunter pour leurs opérations. En cas de besoin, le propriétaire doit fournir la lumière.

Les agents préposés à la désinfection des locaux devant toujours suivre l'arrivée des agents chargés des transports et le domicile ne renfermant plus par suite d'objets destinés à être désinfectés par la vapeur, ces agents rassemblent au milieu des pièces les meubles, tableaux, etc.; pour le transport des meubles lourds, ils doivent prendre des sangles afin d'éviter tous dommages.

On ne doit pas brûler les médicaments ou drogues que l'on pourrait y trouver, mais simplement les jeter dans les cabinets d'aisances; de même on doit détruire ou jeter tous les aliments ou boissons trouvés dans des récipients non couverts.

Les agents procèdent ensuite à la désinfection des murs en les aspergeant d'une solution à 5 °/₀ d'acide phénique. Les trous, fentes, etc, sont désinfectés à l'aide d'une pompe à main. Il faut éviter d'abîmer les murailles.

Les portes, fenêtres, parquets, meubles ordinaires (non cirés ou vernis) sont soigneusement lavés et frottés à la brosse avec une solution à 5 °/₀ d'acide phénique et, s'ils sont malpropres, ils sont lavés avec une solution de lessive. On doit faire pénétrer la solution dans les fentes ou ouvertures à l'aide d'une pompe à main.

Les meubles sculptés, vernis ou cirés, les tableaux avec leurs cadres, les objets métalliques, de luxe, etc. sont lavés avec une solution à 5 °/₀ d'acide phénique, puis essuyés.

Les objets en verre ou porcelaine sont mis dans l'eau bouillante.

Les vêtements, la literie (matelas, oreillers, couvertures, etc.), le linge, les rideaux, soieries, draperies, meubles capitonnés, dont les parties en bois ne sont pas vernies ou cirées, etc., sont désinfectés par la vapeur à la station centrale.

Les cuirs et les objets qui ne peuvent être soumis aux prescriptions indiquées doivent être fortement humectés.

Les parquets malpropres sont lavés et frottés, d'abord à la lessive, ensuite avec la solution d'acide phénique à 5 °/₀.

Les parquets cirés doivent être lavés avec un linge imbibé de la solution d'acide phénique à 5 °/₀ et ensuite essuyés.

Après avoir terminé la désinfection du local et de tous les objets qui s'y trouvaient, les agents remettent chaque objet à la place qu'il occupait précédemment. Les objets sans valeur sont brûlés. Les cabinets d'aisances appartenant au local infecté sont soigneusement désinfectés.

Enfin les agents se nettoient avec précaution, ils ôtent leurs vêtements de travail, dont ils font un paquet, et s'habillent de leurs effets d'uniforme, ils remettent en ordre leurs outils. Pendant ce temps, la voiture spécialement affectée au transport du personnel arrive pour les ramener avec leur matériel à la station (côté infecté). Dès leur arrivée, ils remettent leur déclaration de désinfection qu'ils ont dû préalablement faire viser par le propriétaire du local. Ils pèsent les désinfectants employés et en inscrivent le poids.

Lorsque ces prescriptions ont été remplies, leur premier devoir est de désinfecter les outils ou objets dont ils se sont servis, de les nettoyer convenablement et de les mettre enfin en état de pouvoir reservir immédiatement, en cas de besoin.

3° La technique à suivre pour désinfecter à la vapeur les objets envoyés à la station exige, en premier lieu, la connaissance parfaite du maniement des appareils. Pour ce travail, trois agents sont en permanence; ils font leur service de la manière suivante :

Avant toute opération, ils ferment les soupapes de l'étuve, ils ouvrent au quart le tube d'échappement d'air du ventilateur et entièrement celui de l'introducteur de vapeur. Ils donnent ensuite le signal au mécanicien d'y introduire la vapeur; après l'introduction de celle-ci, ils font sortir l'eau condensée; puis ils ouvrent complètement le ventilateur et font pénétrer la vapeur dans les tuyaux pour chauffer l'étuve. On continue ensuite pendant toute l'opération de chauffer celle-ci à l'aide des tuyaux de vapeur. Puis la porte du côté « infecté » est ouverte, le chariot retiré et chargé.

On doit prendre toutes les précautions nécessaires pour y mettre les objets contaminés en les ôtant de leurs enveloppes et en les plaçant convenablement; les vêtements, linges, literie, fauteuils ou autres meubles capitonnés, de même que les sommiers élastiques, sont soigneusement mis à part. Tous ces objets, divisés en trois groupes, sont placés dans les trois étuves de la station. Les enveloppes dans lesquelles ils ont été transportés doivent y être également placées.

Comme dans un même appareil on peut nécessairement mettre des objets provenant de plusieurs endroits, on doit y joindre un papier portant le numéro de l'enveloppe et fixé à l'aide d'une épingle afin d'éviter toute erreur. (Chaque enveloppe possède son numéro d'ordre spécial; ce numéro est inscrit sur la feuille donnant le relevé des objets à reporter au local contaminé, et l'on y ajoute l'énumération de son contenu.)

Les objets doivent être placés dans l'étuve de telle sorte que des vides y soient ménagés pour faciliter la pénétration de la vapeur. On doit « rouler » les étoffes sur des cylindres pour ne pas trop les chiffonner. Le linge reste dans l'enveloppe B (sac) et il est suspendu dans l'appareil. Les vêtements (pantalons, jaquettes, robes, etc.) resteront dans la couverture A; ils sont suspendus dans l'étuve.

Les agents chargés du service de la désinfection doivent prendre garde à ne rien laisser dans les poches des vêtements, comme des allumettes ou tous autres objets nuisibles au succès de la désinfection. La literie est enveloppée dans des cadres recouverts de toile. On ne peut mettre dans l'étuve aucun objet en cuir.

Aussitôt que le chariot est chargé, il est poussé dans l'étuve, la porte fermée ainsi que le ventilateur. C'est alors que commence la véritable opération de désinfection qui, pour les objets de chacun des trois groupes ci-dessus spécifiés, se pratique ainsi qu'il suit :

1er groupe. — Les vêtements, le linge, la literie sont pendant vingt minutes (depuis la fermeture de l'appareil) simplement laissés dans l'appareil chauffé par circulation de vapeur dans les tuyaux, le ventilateur fermé, puis, pendant trente-cinq minutes, ils sont plongés dans la vapeur à grand courant, et finalement l'étuve est aérée pendant vingt minutes.

2ᵉ groupe. — Les sommiers à ressorts, quand il y en a dans l'appareil, sont plongés, aussitôt après la fermeture et pendant vingt minutes, dans la vapeur à grand courant. La durée de l'aérage est de dix minutes.

3ᵉ groupe. — S'il y a des meubles capitonnés, on y fera pénétrer, aussitôt après la fermeture et pendant quinze minutes, la vapeur humide ; ce temps passé, on ouvre le ventilateur, puis la porte de l'étuve du côté désinfecté.

Pendant ces opérations, le manomètre de même que le thermomètre doivent toujours être consultés, car il faut que dans l'étuve il y ait toujours au moins une pression de 0 — 1/2 atmosphère et la température correspondante.

4° Lorsque le moment de l'ouverture de l'appareil est arrivé, c'est-à-dire lorsqu'il y a lieu d'extraire les objets désinfectés, le personnel de service du côté désinfecté en est prévenu. Les agents donnent au mécanicien le signal convenu pour faire cesser l'envoi de la vapeur ; ils prennent eux-mêmes soin que les portes et les ventilateurs de l'appareil soient à ce moment soigneusement fermés et qu'au contraire les soupapes restent ouvertes.

Du côté désinfecté de la station, et près des étuves, se trouvent en permanence deux agents. Ils font sortir le chariot de l'étuve, ôtent les objets, repoussent le chariot, en ferment la porte et font savoir que l'appareil peut de nouveau fonctionner.

Les objets retirés de l'étuve sont exposés à l'air pour faire évaporer l'humidité et les refroidir.

5° Quand ce travail est terminé, on reprend chaque feuille, qui de même a passé par l'étuve, on collationne les numéros des enveloppes dans lesquelles les objets sont placés et ensuite retournés à leur destination dans des voitures peintes en *vert*.

Les voitures qui rapportent les objets désinfectés sont accompagnées, en outre du cocher, de deux agents qui ont pour mission de remettre à leur propriétaire chaque objet et de lui en demander un reçu.

Le cocher reçoit au départ une feuille de route sur laquelle l'employé note l'heure du départ et du retour.

Les agents doivent connaître complètement la manière de procéder à toutes les opérations de désinfection, car le directeur a le droit de leur confier l'une ou l'autre de ces opérations.

Les agents possèdent trois costumes :

a) Un costume d'hiver, consistant en un manteau, une jaquette, une paire de bottes, un pantalon bleu, un gilet bleu, un veston, une casquette. Ce costume ne sert que l'hiver ou par les temps froids ;

b) Un costume d'été, composé d'un pantalon et d'un veston en toile à voile ;

c) Pour le travail, été comme hiver, un veston, un pantalon et une casquette en toile à voile.

Cependant le directeur ou le médecin en chef de l'établissement peuvent proposer au conseil des changements à ces costumes.

Les agents reçoivent en outre des chemises et caleçons.

Ces effets ne peuvent être portés que pendant le service; ils doivent être quittés aussitôt le travail terminé. Les agents n'ont aucun droit à l'habillement en dehors du travail.

Tout agent doit ménager les effets qui lui sont confiés; les tenir propres, en ordre; ils sont matériellement responsables des dommages causés par leur imprévoyance. Dans des cas spéciaux, l'établissement se charge de la réparation des effets.

Les agents sont obligés de faire tout travail, même supplémentaire, soit à l'établissement, soit au dehors, que le directeur leur ordonne. Si l'un des agents possède un métier quelconque, le directeur peut l'utiliser au profit du service. A cet effet, la station possède non seulement des outils pour le service, mais aussi les outils utilisés par les menuisiers, cordonniers, tailleurs; en conséquence, les travaux de peu d'importance ou les réparations urgentes sont faits à l'établissement.

Le personnel est aussi chargé de la surveillance de nuit. Chaque nuit, deux escouades de deux agents restent à cet effet à l'établissement.

Il est rigoureusement interdit aux agents de communiquer avec d'autres personnes pendant leur travail et il leur est expressément défendu de pénétrer dans des locaux autres que ceux qui doivent être désinfectés.

Il est défendu aux agents de manger ou de boire immédiatement après, ou pendant leur travail, sans s'être préalablement et soigneusement lavés.

Pendant leur service, ils doivent toujours témoigner au public la plus grande convenance, ils doivent être prévenants, obligeants et polis. Toute infraction à ces prescriptions est sévèrement réprimée.

La désinfection ne peut être efficace et ne peut donner de bons résultats que si ces recommandations sont suivies. Si l'on ne peut exécuter convenablement la désinfection, il vaut mieux s'abstenir de toute tentative, car si jamais le proverbe « Ou bien ou rien » est applicable, il l'est à la désinfection, car, à son défaut, on peut au moins prendre les précautions les plus usuelles, tandis qu'après une désinfection défectueuse, qui a inspiré vainement une confiance imméritée dans le résultat, on néglige forcément les précautions utiles et un résultat funeste est alors à craindre.

En étudiant de-plus près les indications mentionnées plus haut, nous y trouvons l'explication de ce double principe fondamental, à savoir : que le résultat de la désinfection doit être certain et que les agents qui la pratiquent ne doivent pas être eux-mêmes contaminés. En premier lieu, la nécessité la plus impérieuse, c'est d'avoir un personnel à la fois capable et consciencieux et un outillage convenable.

C'est une erreur très profonde de croire qu'en faisant acquisition de bons appareils de désinfection on a fait tout le nécessaire, puisque l'appareil, quoique bon et convenable pour atteindre le but proposé, n'est qu'un outil, qui ne produira rien, sans un personnel possédant l'aptitude nécessaire.

De même l'on se trompe si l'on croit pouvoir atteindre le but sans avoir de bons appareils ; chaque objet étant d'une nature différente, on doit procéder différemment pour ne pas l'endommager ; en outre, pour obtenir un résultat à peu près certain, on doit utiliser avec précaution, même les appareils sûrs.

Ainsi, par exemple, nous pouvons sûrement désinfecter un pardessus en le mettant dans l'eau composée d'une solution à 5 % d'acide phénique pendant vingt-quatre heures ; mais il est certain que de cette manière ce pardessus sera complètement perdu, il se frippera, perdra sa couleur, restera peut-être humide pendant des semaines ; tandis qu'en sortant d'une bonne étuve où il aura été suspendu sur un porte-manteau et dans laquelle il aura été désinfecté par la vapeur, il paraîtra sortir d'un atelier de tailleur.

Des agents incapables endommagent les objets ou désinfectent mal avec des appareils incomplets. Alors le public s'abstiendra, d'accepter des procédés qu'il ne croit pas efficaces, quand, au contraire, il aidera même à leur application s'il constate que rien n'est endommagé.

D'autres redoutent la dépense trop élevée d'une installation complète ou ne croient pas l'exécution possible dans des petites communes ; seulement ils oublient que les petites communes, réunies à plusieurs, pourraient acquérir des appareils relativement assez coûteux, que seulement les grandes et riches communes peuvent posséder.

Qui peut douter que quinze, vingt communes réunies ne puissent supporter une dépense de 1,000 à 1,200 florins et environ 300 à 400 florins d'entretien annuel, surtout quand il est notoire que les constructeurs accordent, en pareil cas, les conditions les plus avantageuses et admettent des délais relativement très longs pour le remboursement ?

Nous ne devons reculer devant aucun sacrifice si nous voulons élever des barrières contre les épidémies. Les sacrifices seront amplement dédommagés par la vie de centaines de mille de personnes sauvées, et, de plus, notre conscience ne sera pas chargée de ces désastres.

Nous dépensons annuellement des sommes énormes pour les animaux, les assurances mobilières ou immobilières, etc. La vie de l'homme serait donc si peu de chose qu'elle ne mériterait pas ces sacrifices ?

Les plus grands sacrifices ne sont pas vains, et il est à espérer que tout ce qui est possible sera fait. Ce qui empêche momentanément, du moins en Hongrie, une action efficace, c'est plutôt le peu de connaissance que l'on a de notre tentative ; c'est pourquoi, ajoute M. le docteur Bukowsky, je désire — selon mon devoir — communiquer quelques faits acquis par l'expérience.

Personnel. — Puisque chaque objet, meuble, habits, linge, selon sa nature, sa couleur, sa finesse, doit être différemment désinfecté ; que, pour ne pas être cause de dommages, la désinfection exige une certaine capacité et une conduite circonspecte de la part de l'agent afin que le public n'ait pas de raison de se plaindre ; puisque, enfin, d'autre part, les agents manipulent dans les locaux contaminés des objets souvent de très grande valeur, en or ou en argent, il est absolument nécessaire qu'ils soient à la fois capables, intelligents et convenables dans les rapports qu'ils ont avec le public, et, d'autre part, ils doivent être sûrs, disciplinés et consciencieux.

Chaque agent doit connaître, au moins théoriquement, les causes des maladies contagieuses, quel est le but de la désinfection, quel outillage il nécessite, comme aussi les produits chimiques indispensables pour anéantir les germes pathogènes.

S'il possède ces connaissances, son travail sera plus efficace, car l'expérience lui apprendra dans chaque cas isolé la cause et l'effet et lui enseignera la méthode à suivre dans un cas non prévu ; il arrivera ainsi spontanément, sans aucune indication spéciale, à bénéficier de l'expérience acquise.

Il est nécessaire que pour chaque désinfection on emploie deux personnes à la fois, l'une complètant l'autre. Le travail se fait plus vite, le résultat est plus certain.

On doit donc, autant que possible, éviter d'employer n'importe qui. Il faut instruire les agents, d'abord théoriquement, surtout à la manipulation des solutions et compositions des produits chimiques, ensuite expérimentalement. On doit s'assurer de leur aptitude avant de leur accorder une confiance même relativement limitée, et malgré cela, souvent encore, contrôler leur travail.

Outillage. — On croit généralement qu'il suffit d'envoyer au domicile infecté un agent intelligent et capable, sans lui donner l'outillage convenable. Or on doit craindre cependant en pareil cas pour l'efficacité de l'opération et l'on doit éviter de perdre inutilement du temps. La désinfection est un métier qui, de même que les autres industries, nécessite un outillage approprié, afin de procéder sûrement, vite et bien, sans quoi le résultat deviendrait incertain.

Chaque escouade d'employés doit avoir à sa disposition :

1° Un flacon d'acide phénique	1	pièce.
2° Un flacon de lessive savonneuse	1	—
3° Des mesures de capacité	3	pièces.
4° Une boite	1	pièce.
5° Une spatule	1	—
6° Un marteau	1	—
7° Des tenailles	1	—
8° Un tourne-vis	1	—
9° Un foret à percer	1	—
10° Une boite de clous	1	—
11° Une seringue en cuivre	1	—

12° Un pulvérisateur............................... 1 pièce.
13° Des pots..................................... 4 pièces.
14° Un balai..................................... 1 pièce.
15° Des pinceaux à chaux......................... 2 pièces.
16° Des brosses de chiendent..................... 2 —
17°   —   à décrotter......................... 1 pièce.
18°   —   à ongles............................ 1 —
19°   —   à habits............................ 1 —
20° Un respirateur et ses accessoires............. 2 pièces.
21° Des vêtements de travail..................... 2 —
22° Des casquettes de travail.................... 2 —
23° Des pantalons de travail..................... 2 —
24° Des chemises .... 2 —
25° Une couverture.............................. 1 pièce.
26° Des toiles à laver........................... 4 pièces.
27° Des toiles à essuyer........................ 4 —
28° Une pelle en fer............................. 1 pièce.
29° Une bêche en fer............................ 1 —

Pendant le travail, on doit éviter de se servir des ustensiles de ménage : balais, brosses, pots, etc., de crainte de les contaminer. Il est défendu d'employer d'autres outils que ceux qui sont contenus dans la boîte confiée à chaque désinfecteur.

Machines ou appareils de désinfection. — Puisque nous ne pouvons désinfecter, sans les endommager, les effets d'habillement, lingerie, literie, etc., qu'en leur faisant subir l'action de la vapeur, il est indispensable de posséder une étuve à vapeur.

Si l'appareil est construit de telle sorte qu'il puisse anéantir même les microbes les plus résistants, il donnera un résultat déjà plus certain, puisque précisément le linge ou les effets d'habillement qui touchent le corps du malade sont, par suite, le plus infectés. Au contraire, si l'appareil ne possède pas les propriétés nécessaires, le résultat, malgré tous les soins que l'on pourrait prendre, sera nul.

En raison de l'importance des appareils, il faut se rendre compte des défauts généraux qu'ils peuvent avoir :

1° Le plus souvent la caisse de l'appareil est tellement petite, que sa contenance ne dépasse guère 2^{m3} 10 à 3^{m3} 10 ; par suite, l'on ne peut y mettre des objets de grand volume et même des objets de dimensions moindres ne peuvent être mis que pliés.

Les grands objets sont donc exclus et les petits peuvent être endommagés.

2° D'après les expériences scientifiques, on doit employer à la désinfection de la vapeur non surchauffée, car l'efficacité de la vapeur à 100 degrés centigrades est supérieure à la vapeur surchauffée à 120 degrés centigrades. Malgré cela, nous voyons souvent dans certains appareils employer la vapeur surchauffée et on lui attribue une certaine importance, bien à tort, puisque le surchauffage amoindrit l'efficacité de la désinfection et endommage ou brûle les objets. Le surchauffage est produit, tantôt par une construction défectueuse de l'appareil, tantôt par le chauffage des parois de l'étuve.

Ce que nous devons exiger des étuves, c'est que la bactéridie charbonneuse y soit détruite radicalement; pour cela il faut que l'étuve fonctionne à la vapeur, parce que seule celle-ci possède l'humidité nécessaire pour amollir les spores, chose absolument nécessaire à la réussite; en outre elle doit avoir au moins 100 degrés pour ne pas détériorer les objets d'habillement : 105 degrés, 108 degrés ne doivent jamais être dépassés dans l'étuve. Nous ne pouvons obtenir ce résultat si la chaudière n'est pas placée assez haut, car elle ne doit chauffer directement ni les tuyaux conducteurs ni les parois de la caisse. L'étuve ne doit donc être placée ni dans le foyer ni dans la chaudière sans avoir à redouter des détériorations, comme cela se produit dans beaucoup d'étuves. La chaudière et le foyer doivent être absolument séparés de l'étuve. Enfin, si l'appareil est construit de sorte que son foyer ou sa chaudière, ou même les deux, sont placés ou en bas ou à côté de l'étuve et composent un ensemble, l'appareil sera défectueux et ne répondra pas au but poursuivi, puisque ou le feu ou l'eau bouillante le toucherait immédiatement et exposerait les objets à être, sinon brûlés, mais certainement détériorés.

3° De même qu'il ne peut être permis que les parois de l'étuve soient chauffées, il faut que les objets placés dans l'étuve, avant que la vapeur y pénètre, soient, par un procédé convenable, chauffés à 40, 60 degrés centigrades, afin que la différence de degré de chaleur entre l'objet et la vapeur soit plus égalisée; la condensation sera plus faible et les objets ne seront pas plus humectés qu'il n'est nécessaire.

Mais il faut prendre garde à ce que ce chauffage ne soit pas fait à l'aide de celui qui est indiqué au § 2 pour les parois de l'appareil. Si la précaution du chauffage préalable n'a pas été prise, les objets risquent fortement de se mouiller, de perdre leur couleur, ils sècheront très longuement, difficilement.

4° Dans le plus grand nombre d'étuves, on oublie que l'intérieur doit être enduit convenablement d'une matière mauvaise conductrice de chaleur; si l'appareil en est privé, l'étuve et les objets qui y sont placés peuvent être tachés, puisque c'est là que la condensation et l'échappement de la vapeur se produisent. Ce même fait s'observe si l'enduit n'a pas été appliqué d'une manière convenable.

5° Quelle que soit sa forme, fixe ou mobile, l'étuve doit posséder une double porte et être placée dans un mur isolé. Si l'appareil ne possède qu'une seule porte, les objets passeront nécessairement, avant comme après l'opération, par la même porte, ce qui les exposera à être de nouveau contaminés. Dans les étuves régulièrement installées ceci est impossible puisque le mur isole les deux portes d'entrée et de sortie; aux deux portes, des agents différents sont en service, permettant ainsi, non seulement d'isoler les objets mais encore les agents.

Cette séparation doit se faire même pour les appareils mobiles; à cet usage on peut les fixer sous des constructions légères, même provisoirement. Pour des machines fixes, il est préférable d'édifier des constructions fixes et solides elles-mêmes.

En tenant compte de la petitesse, presque de l'invisibilité des microbes que nous cherchons à anéantir, nous devons prendre garde que c'est avec des précautions très grandes que nous devons désinfecter, pour pouvoir pénétrer dans les replis les plus profonds et les plus secrets, afin d'y détruire les germes de toutes maladies contagieuses.

Ces quelques observations ne sont point inutiles; elles sont, au contraire, essentielles et fondamentales. Cependant il n'y a encore que peu de constructeurs qui produisent des appareils à doubles portes.

6° Les appareils de désinfection sont, en grand nombre, construits défectueusement, la vapeur n'y possédant pas la pression convenable; il est cependant impossible de désinfecter sans cela, surtout pour les appareils d'une certaine capacité, puisque la vapeur y pénètre difficilement. Sans quoi la vapeur n'aura pas encore la pression atmosphérique, puisque la loi physique nous enseigne que la vapeur naturelle n'atteint que dans une atmosphère les 99.9 degrés centigrades.

Il existe des appareils sans pression dans lesquels on croit pouvoir atteindre le degré de chaleur voulu; ce n'est qu'une apparence, qui ne peut tromper que les gens incompétents mais non les connaisseurs, car on ne peut ignorer qu'en pareil cas se produira de la vapeur surchauffée provenant ou du foyer ou des inconvénients du chauffage des parois de l'étuve.

En conséquence, on doit exiger que l'appareil producteur de vapeur soit à pression et pourvu d'un manomètre. L'étuve doit, en outre, posséder un thermomètre qui soit visible du dehors.

7° Chaque objet mis dans l'étuve de l'appareil à désinfection et exposé à l'influence de la vapeur se mouille. Si nous le retirons dans cet état, il faudra un temps relativement assez long pour le sécher. L'usage immédiat en est donc impossible. Pour obvier à cet inconvénient, on doit réclamer des ventilateurs pratiques afin de pouvoir faire promptement sécher. Il n'y a cependant que très peu d'appareils ainsi construits. Le plus grand nombre ne possèdent pas de ventilateur, et naturellement les objets en sortent humides.

Quant aux appareils à vapeur surchauffée, ils présentent le défaut contraire, car les objets en sortent trop secs. Les appareils possédant un ventilateur ont, il est vrai, un autre défaut : les objets exposés peuvent y être tachés, si l'on n'y prends pas garde. D'autres appareils n'ont de ventilateur que de nom; l'appareil qui est destiné à cet usage est insuffisant et ne peut aucunement produire de courant d'air.

8° Il existe très peu d'étuves, au moins parmi celles qui sont de petites dimensions, où l'on puisse suspendre les habits; il est notoire cependant que si l'on ne les suspend pas ils peuvent être complètement frippés par la vapeur; au contraire, si on les suspend dans leur longueur, quand même ils auront été frippés avant la désinfection, ils sortiront de l'étuve unis et lisses.

9° Dans un grand nombre d'appareils on ne fait pas attention à pouvoir, en cas de besoin, priver d'air l'étuve, quoique ce n'est que de cette façon qu'on puisse arriver à un résultat satisfaisant, comme l'indique justement M. le docteur Pfuhl, professeur à l'Université de Berlin. Quelques constructeurs ont satisfait à ce desideratum, mais ils ont faussement déclaré être obligés de faire entrer la vapeur par en haut afin de produire une pression qui expulserait l'air par en bas.

L'expérience a rejeté cette prétention ; la place par où l'on doit chasser l'air ne dépend pas de l'entrée de la vapeur, mais de l'endroit par lequel l'air sort naturellement. La vapeur, en se répandant dans l'étuve, quel que soit l'endroit par lequel elle pénètre, est moins pesante que l'air, elle surnage certainement et occupe les couches supérieures en repoussant l'air vers la partie inférieure de l'étuve, d'où, si nous y ménageons une ouverture convenable, l'air sera enlevé de telle sorte que, à mesure que la vapeur en pénétrant remplit la caisse, l'air relativement expulsable en est chassé. On obtient un résultat satisfaisant si la vapeur entre par en haut ou par en bas. Seulement il est nécessaire qu'il existe à la partie inférieure de l'étuve une ouverture convenable pour la sortie de l'air. C'est une loi physique. Cependant, si la vapeur est introduite par en haut, elle produira une pression d'une telle force qu'elle endommagera les objets contaminés ; nous devons l'empêcher, mais l'expérience nous montre que les plaques interceptrices placées au devant du jet de vapeur sont insuffisantes, puisque la pression se fait à la partie inférieure de la plaque ; il est donc clair que non seulement il n'est pas conforme au but cherché d'introduire la vapeur par en haut, mais absolument contraire, et que cette opération doit se faire par la partie inférieure.

En outre, les constructeurs d'appareils prennent peu garde à établir une introduction continuelle de la vapeur dans l'étuve.

D'après les quelques observations précitées, une étuve convenable doit être construite d'après les conditions suivantes :

1° L'étuve doit être suffisamment grande pour y recevoir les objets même volumineux, et disposée de telle sorte que l'on y puisse suspendre les vêtements.

2° L'étuve doit être séparée du foyer comme de la chaudière. Celle-ci n'est conforme au but que si l'eau y est placée assez haut et opère à vapeur pleine. Il est nécessaire d'y avoir au moins une atmosphère, mais dans aucun cas on ne doit opérer avec plus de deux atmosphères ; autrement la chaleur serait plus que nécessaire et la pression, étant trop forte, pourrait endommager les objets.

3° Il est nécessaire que la chaudière soit pourvue d'un manomètre, et l'étuve d'un thermomètre. On doit éprouver la valeur du thermomètre ; l'expérience nous montre souvent que ces appareils indiquent 2—6 degrés de plus ou de moins que la chaleur réelle.

4° L'appareil doit pouvoir chauffer les objets avant que la vapeur puisse pénétrer dans l'étuve, pour les préparer à la désinfection. Les tuyaux conducteurs de vapeur

·devront posséder des soupapes à l'aide desquelles on introduit à volonté la vapeur dans l'étuve ou on l'en isole.

5° L'intérieur de l'étuve doit être convenablement enveloppé.

6° L'appareil doit posséder deux portes et pouvoir être placé dans un mur isolé.

7° Chaque appareil doit désinfecter avec de la vapeur à 100 degrés au moins; la température de 105—110 degrés centigrades ne doit pas être dépassée.

8° Pour pouvoir sécher convenablement les objets désinfectés, on doit avoir de bons ventilateurs.

9° Les appareils de désinfection doivent être construits de telle sorte qu'il soit possible de chasser l'air contenu dans l'étuve et que le courant de vapeur soit continuel.

10° La vapeur doit pénétrer dans la partie inférieure de l'étuve. Pour pouvoir expulser convenablement l'air de l'étuve, il y faut une soupape convenable, sans quoi il resterait des parties saturées d'air où la vapeur ne pourrait pénétrer, ou bien où elle se refroidirait trop vite, ce qui pourrait empêcher une action efficace.

En dehors de ces observations, on doit mentionner ce qui est indiqué déjà plus haut, à savoir que la technique actuelle de la désinfection exige, en considération même de l'insuffisance de la séparation de l'appareil en côté infecté et désinfecté, l'établissement de deux portes séparées et l'installation de l'appareil dans un mur d'isolement.

On observe assez fréquemment que, vu leurs relations réciproques, les communes ne prétendent pas à la possession d'une machine à deux portes et fixée dans un mur isolé, mais souhaitent en posséder dont le transport est facile. Elles se trompent, car l'expérience nous montre que ce que l'on veut ce sont des appareils transportables, non de maison à maison, mais de commune à commune.

Le transport d'un appareil de maison à maison serait non seulement inefficace, mais même peut-être dangereux, car non seulement il ne pourrait entraver les épidémies, mais il pourrait les propager. La présence de ces appareils dans chaque localité peut attirer des curieux qui non seulement empêchent le travail, mais peuvent être contaminés. En outre, il faut réunir dans chaque cas spécial les matériaux nécessaires, eau, feu, etc. Il faut aussi prendre des précautions contre le danger du feu.

Au contraire, si l'on ne transporte point l'appareil de maison à maison, mais qu'on veuille l'utiliser dans une localité quelconque, il doit être placé de plus dans un mur d'isolement, quoique provisoirement, et, si les objets doivent être apportés des locaux contaminés, les défauts précités disparaîtront. Les règles de la désinfection étant observées, la réussite plus certaine, le travail se fera plus vite, plus facilement; car il est hors de doute qu'il est plus simple de transporter les objets à désinfecter à l'étuve et de les retourner ensuite que de transporter l'appareil, souvent assez loin d'un endroit à l'autre.

5

Résultats obtenus à Budapest. — Quelle que soit notre espérance intime, on se tromperait si l'on croit qu'il y ait une technique capable de donner un succès absolu. Si jamais cela était possible, on pourrait obtenir l'anéantissement radical de toutes les épidémies, ce que nos relations commerciales, nos communications continuelles et nos rapports actuels ne permettent pas d'espérer.

Nous devons donc nous contenter d'un succès relatif en diminuant notablement les cas et en affaiblissant la contagion.

Si nous voulons juger ainsi l'efficacité de la désinfection, nous verrons que l'établissement central de désinfection de Budapest a obtenu un résultat assez brillant. Le résultat (depuis l'organisation du service, il y a à peine un an et demi) est prouvé par la diminution constatée des cas. Dans les maladies contagieuses où la désinfection est obligatoire, comme le choléra, le typhus, la petite vérole, la fièvre scarlatine, la diphtérie, etc., on constate une diminution de 44.4 % sur la moyenne des trois dernières années.

Voici le tableau des déclarations faites au bureau médical :

ANNÉES	CHOLÉRA	TYPHUS	DIPHTÉRIE	ANGINE	PETITE VÉROLE	FIÈVRE SCARLATINE	ENSEMBLE
1890................	»	762	2,033	335	14	2,168	5,312
1891................	»	683	2,422	405	9	2,681	6,200
1892................	899	849	2,312	371	17	2,170	6,618
Total..........	899	2,294	6,767	1,111	40	7,019	18,130
Moyenne des 3 années.	»	764	2,255	370	13	2,339	6,640
1893................	215	383	1,589	323	26	1,150	3,686
Augmentation.....	»	»	»	»	200 %	»	»
Diminution.....	74.9 %	49.8 %	29.5 %	12.7 %	»	50.8 %	44.4 %

La désinfection pour les maladies citées plus haut, en 1890, 1891, 1892, alors que l'établissement n'existait pas encore, ne peut être que superficiellement notée. On a compté 18,130 cas de maladies, ce qui fait une moyenne annuelle de 6,640 cas; en regard, nous avons en 1893, lorsque l'établissement de désinfection fonctionnait déjà, un nombre bien plus restreint (3,686 cas) de maladies. La réduction est de 44.4 %. Dans les six maladies citées, il n'y a que la petite vérole qui soit en augmentation, et dans une proportion qui ne peut être prise sérieusement en considération.

L'influence salutaire de la désinfection est encore justifiée en comparant le nombre des cas des six maladies pour lesquelles la désinfection est obligatoire, avec ceux des maladies contagieuses pour lesquelles la désinfection n'est que facultative. Là nous constatons une augmentation assez sensible dans le nombre.

Le nombre des désinfections opérées de 1890 à 1893 se décompose comme suit :

ANNÉES	VARIOLE	ANGINE	DIPHTÉRIE	FIÈVRE SCARLATINE	DYSEN-TERIE	ERYSIPÈLE	TOTAL
1890................	72	607	4,767	243	»	»	5,659
1891................	58	585	2,645	151	8	260	3,707
1892................	40	366	4,484	202	10	297	5,399
Total.........	170	1,558	11,896	566	18	557	14,765
Moyenne des 3 années.	56	319	3,965	188	9	278	4,815
1893................	72	703	4,442	981	18	447	6,663
Augmentation.....	»	»	»	»	»	»	27.7 °/₀

REMARQUE. — Les déclarations pour dysenterie et érysipèle n'ont pas été obligatoires en 1890.

Les maladies indiquées ont, pour 1890, 1891, 1892, une moyenne annuelle de 4,815 cas. En comparant avec 1893, où l'on a fait 6,663 désinfections, l'augmentation a été de 27.7 °/₀ environ.

Il est vraisemblable que, même à défaut d'une désinfection convenable, les maladies signalées n'auraient point augmenté en nombre, mais qu'elles n'auraient diminué dans aucun cas ; par contre, il eût été certainement possible de diminuer le nombre des maladies, si la désinfection avait été obligatoire.

Si nous cherchons à savoir si, après une désinfection efficace, il y a eu des cas nouveaux dans la même maison, c'est-à-dire si l'efficacité de la désinfection peut être absolument prouvée, on doit affirmer que toutes les fois que les personnes intéressées, par une conduite sage et obligeante, nous ont permis d'opérer la désinfection, le résultat a été certain et aucun nouveau cas ne s'est produit. Au contraire, quand le public n'a pas été à la hauteur de sa tâche, quand il n'a pas su comprendre la nécessité absolue de la désinfection, qu'il n'a aucunement aidé à l'exécution, voire même qu'il a empêché les opérations, le résultat n'a pas été satisfaisant et l'on a constaté de nouveaux cas. Plusieurs fois, il arriva que les personnes intéressées, lorsqu'on procéda à la désinfection de leur domicile après des maladies contagieuses, présentaient, au lieu de leurs meubles, linges ou literie contaminés qu'ils cachaient, de vieux objets sans valeur ; naturellement les désinfecteurs faisaient un travail absolument inutile.

Cependant le résultat général est satisfaisant. Du 3 octobre 1892 au 31 décembre 1893, la station a désinfecté 3,819 locaux, parmi lesquels on ne procéda de nouveau que dans 52 endroits ; mais même dans ces chiffres, excepté 10 ou 15 cas, l'explication précitée se justifie.

Pendant l'épidémie cholérique récente, l'Administration a, aussitôt constatation faite, désinfecté tous les locaux où le malade avait séjourné deux à cinq jours avant sa maladie, et l'on procéda, en outre, à la désinfection personnelle. Toutes les personnes qui soignaient ou fréquentaient les malades pendant leur maladie, ou même avant, même quand il fallait les rechercher dans les dix arrondissements différents de la capitale, furent soigneusement désinfectées. Cette pratique donna un résultat certain, puisque, là où après des cas de choléra le service procéda à la désinfection, il n'y a pas eu d'autres cas de choléra; même la désinfection personnelle donna de semblables résultats, les personnes désinfectées étaient sauvées dans chaque cas de la maladie contagieuse, pourvu que leur souillure intérieure n'ait pas été d'une origine antérieure à la désinfection.

Institut de bactériologie. — L'Institut de bactériologie, établissement auxiliaire du Bureau médical de la Ville, a été créé en 1887; il se trouve dans l'amphithéâtre d'anatomie du nouvel hôpital de l'avenue d'Ull. Le local exigu et peu convenable en entrave le développement; il n'en est pas moins muni de tous les instruments nécessaires à un institut bactériologique moderne.

Vaccination. — La vaccination a été rendue obligatoire par la loi xxiie de 1887, en vertu de laquelle tout enfant doit être vacciné dans le courant de sa première année ; lors de l'admission à l'école primaire, le certificat de vaccination doit être présenté ; tout enfant qui fréquente l'école doit être revacciné jusqu'à l'âge de douze ans ; on ne donne des livrets de domestiques qu'à des individus vaccinés et la même condition est exigée pour être admis dans un établissement de bienfaisance.

La municipalité de Budapest a pris les mesures nécessaires à cet effet : La capitale est divisée en 11 circonscriptions de vaccination, ayant chacune un médecin vaccinateur. La Ville a en outre créé un établissement vaccinogène, dont l'entretien coûte 2,600 florins par an ; il doit produire le vaccin nécessaire et opérer les vaccinations et revaccinations. Cet établissement se trouve sous la surveillance et le contrôle directs du médecin en chef de la Ville ; il doit procéder à la vaccination ou la revaccination de tout individu qui se présente spontanément ou qui y a été envoyé par l'autorité.

En dehors de cet établissement, il existe encore une institution centrale royale hongroise de vaccination, qui a été installée en 1875 à l'hôpital des enfants Stéphanie. Elle comprend un médecin directeur, un vaccinateur et un adjoint. En 1892, cette institution a vacciné 710 enfants et elle a fourni le vaccin pour 17,413 individus.

Cimetières. — Les cimetières relèvent de la municipalité, en particulier du Magistrat, qui en exerce la surveillance par l'intermédiaire d'un comité *ad hoc* présidé par le chef de la section sanitaire du Magistrat. Dans les cimetières, on n'admet que les cadavres munis d'un certificat de décès. La translation des cadavres ne peut s'opérer qu'avec l'autorisation par écrit du médecin en chef et durant les heures matinales. Dans les cas où le logement du décédé est trop étroit pour que le cadavre du décédé puisse être mis à l'écart des vivants, il doit être transporté à la Morgue, où il faut également placer les cadavres provenant de province, ceux des noyés et ceux qui sont destinés à la dissection. Les cadavres des individus morts de maladies contagieuses ne peuvent être transportés que dans des voitures hermétiquement fermées; on les fait conduire à la morgue du cimetière de Kercpes pour y être disséqués.

PROSTITUTION. — La prostitution a été réglementée en 1884. Aucune maison de tolérance ne peut être tenue que par une femme ayant dépassé l'âge de trente ans et seulement dans une construction occupée exclusivement par elle. Le chef-capitaine de police peut seul accorder l'autorisation d'ouvrir pareille maison, mais l'emplacement n'est désigné qu'après accord avec le Magistrat et seulement dans les rues latérales. Aux filles qui entrent dans ces maisons la police délivre une carte de tolérance; elles sont soumises à une surveillance permanente et le médecin de la police les visite deux fois par semaine. En cas de contravention la propriétaire de la maison publique est passible d'une amende de 2 à 50 florins et de 5 jours de prison et la fille doit être punie d'un mois de prison. En vertu du règlement, il est ou plutôt il serait interdit aux filles de vagabonder dans les rues, de tenir sur la voie publique une conduite scandaleuse et de porter des toilettes qui attirent l'attention. Mais le règlement a le défaut de ne pas entraver la prostitution clandestine et de ne pas ordonner la visite médicale des filles insoumises, ce qui a nécessairement pour conséquence la propagation des maladies vénériennes. Le nombre des filles publiques soumises à la surveillance de la police était de 396 en 1883; il s'élève actuellement à 1,150.

BUDGET DE L'HYGIÈNE. — Les frais des services sanitaires et des mesures qu'ils appliquent sont très considérables. Les dépenses prévues pour 1894 dépassent la somme de 7 millions de florins, soit 2 millions 3/4 pour les services ordinaires et 4 millions 1/2 pour la création de nouvelles institutions.

Les dépenses sanitaires proprement dites absorbent 198,648 florins, dont 109,145 florins pour les médecins, vétérinaires et sages-femmes, 50,200 florins pour l'établissement de désinfection, 10,000 florins à la Société de sauvetage, 3,062 florins pour l'institut de bactériologie, 2,600 florins pour l'établissement vaccinogène.

Pour les institutions d'hygiène, de salubrité et autres dépenses analogues, on a inscrit au budget : 836,035 florins pour les hôpitaux de la capitale, 61,744 florins pour les bains publics, 550,738 florins pour les canalisations d'eau, 416,800 florins pour le balayage et l'arrosage des rues, 146,200 florins pour l'enlèvement des immondices, 92,900 florins pour la construction et l'entretien des égouts, 189,400 florins pour les abattoirs et le marché aux bestiaux, 71,400 florins pour l'hospitalisation des malades indigents ressortissant de Budapest, 210,663 florins pour les cimetières, etc.

Parmi les dépenses auxquelles il sera pourvu au moyen d'emprunts, nous relevons : 900,000 florins pour les égouts collecteurs, 1,167,840 florins pour l'extension du réseau des canalisations d'eau, 1,600,000 francs pour la construction des halles centrales, 100,000 florins pour la construction et l'installation d'un hôpital pour maladies contagieuses et 350,000 florins pour la création d'un abattoir de bestiaux et de porcs sur la rive droite.

Par contre, les institutions sanitaires fournissent 1,929,770 florins de recettes, dont 1,097,418 florins pour les eaux, 408,190 florins provenant des abattoirs et du marché aux bestiaux, etc.

POLICE. — Le service du médecin en chef de la police royale hongroise comporte : la surveillance médicale et le traitement des détenus, des prisonniers et des individus qu'on rapatrie, les autopsies qui doivent être faites d'office (en vertu de l'art. 111 de la loi xiv de 1876) pour les décès de maladies épidémiques et contagieuses, les autopsies opérées en cas de crime, de suicide ou d'accident et sur les cadavres de personnes inconnues, le service de la police sanitaire des aliments et boissons, les analyses chimiques de ce service et la visite médicale des prostituées. Le service médical de la police est, en outre, chargé de donner les premiers secours et, à cet effet, le capitanat central, les capitanats d'arrondissements et les casernes de police sont munis des instruments et appareils nécessaires. Les sergents de ville apprennent en outre les notions des premiers secours. Depuis 1887, c'est surtout la Société des sauveteurs qui y pourvoit et, dans le cas où la police et les membres de cette société sont appelés à prêter leur concours, c'est la police qui dirige les mesures, tandis que les sauveteurs doivent se borner à effectuer les premiers secours.

Le personnel médical de la police de Budapest comprend actuellement : 1 médecin en chef, 1 médecin-adjoint et 13 médecins d'arrondissement. Chaque arrondissement possède un médecin, mais les arrondissements VI et VII en ont chacun 2 et la commune de Uj-Pest en a aussi 1.

TRANSPORT DES MALADES ET BLESSÉS. — SOCIÉTÉ VOLONTAIRE DE SAUVETAGE. — Les malades atteints d'affections transmissibles sont conduits à l'hôpital, à Budapest, dans des voitures spéciales, remisées à l'hôpital Saint-Roch et dont il existera également plusieurs au nouvel hôpital Saint-Ladislas.

En dehors de cette catégorie de malades, l'initiative privée a réussi à instituer les transports en cas d'accidents de toutes sortes, d'une façon qui mérite d'être imitée et étudiée avec soin. M. le docteur Geza Kresz a bien voulu nous faciliter cette tâche ; nous lui emprunterons les renseignements qui vont suivre sur la *Société volontaire de sauvetage de Budapest*.

Cette Société, qui a commencé à fonctionner le 10 mai 1887, est administrée par un comité-directeur, responsable de sa gestion devant un comité de 50 membres et devant une assemblée générale. Elle comprend : des membres fondateurs, ayant versé 200 florins au moins, des protecteurs ayant versé au moins 50 florins, des membres ordinaires dont la cotisation annuelle est de 3 florins, des membres honoraires et des sauveteurs ou membres actifs. Ces derniers ne sont admis qu'après avoir subi un examen spécial devant une commission composée du directeur et du médecin en chef ; ce sont en général des étudiants en médecine dont les services sont gratuits. La Société comprend actuellement : 69 membres fondateurs, 178 protecteurs et 1,009 membres ordinaires, soit 1,256 membres payants, plus les membres actifs.

Station centrale. — Grâce à la générosité du conseil municipal de la capitale de la Hongrie et à celle de MM. Charles Kamermayer, Charles Gerloczy et Jean Haber hauer, la Société, après deux ans d'existence, put s'installer dans un nouveau local. L'édifice, de style de la Renaissance, est installé dans d'excellentes conditions de salubrité; la canalisation d'eau potable, la ventilation, le chauffage et les modes d'évacuation des matières usées y répondent à toutes les exigences de l'hygiène moderne.

Les frais de construction, y compris l'installation du chauffage, se sont élevés à la somme de 65,050 florins, dont 57,400 ont été payés par le conseil municipal de la capitale. On a dépensé 10,000 florins pour l'installation intérieure, le mobilier, les voitures, les instruments de chirurgie et les appareils de transport. La station centrale est placée à proximité des quartiers industriels et des deux ponts qui donnent accès aux parties de la ville situées de l'autre côté du Danube.

Cette station centrale comprend un bâtiment principal à deux étages et des annexes à un étage à l'usage de remise et d'écuries. Ces dernières sont séparées du bâtiment principal par une assez vaste cour.

Au rez-de-chaussée, le pavillon dit du corps de garde donne en encoignure sur les rues Marko et Folyom; il est divisé en trois parties dont la principale, celle du milieu, est réservée au public. A droite se trouve le dortoir du corps de garde; à gauche le bureau du chef de service. Dans ce bureau sont placés les instruments, les appareils et les objets nécessaires à toute opération de sauvetage, les téléphones et autres appareils de communication, ainsi que les livres de service. C'est au bureau du chef de service que sont adressés les appels de secours et les renseignements quotidiens, envoyés par les hôpitaux et indiquant le nombre de lits vacants. En cas d'appel de secours, le chef donne les ordres pour l'envoi immédiat d'une équipe de secours.

A gauche du corps de garde se trouve la salle des opérations où sont les instruments de chirurgie. Dans les armoires adossées aux murs existe le matériel nécessaire au pansement antiseptique de 200 à 380 blessés, les médicaments utiles aux premiers secours, la boîte contenant les contrepoisons, le dernier instrument inventé pour laver l'estomac. En cas d'empoisonnement on n'administre l'antidote qu'après le lavage de l'estomac. Les appareils destinés à cet usage sont employés une trentaine de fois par mois. Dans la salle des opérations se trouvent aussi tous les objets nécessaires à la désinfection, la table mobile d'opération tout en fer, le lavabo également en fer et la boîte vitrée et hermétiquement fermée contenant les bandages et autres objets nécessaires aux pansements dans le courant d'une journée. Sur le lavabo est placé un sablier, réglé à 3 minutes, afin de permettre à l'opérateur de s'assurer avec exactitude de la durée nécessaire à sa propre désinfection avant de commencer le pansement, évitant ainsi toute infection possible de la blessure.

De la salle d'opérations on passe dans le dortoir, où sont disposés deux lits pour les cas d'indispositions passagères ou de maladies subites, afin de permettre au patient d'attendre qu'il puisse être transporté dans un endroit plus convenable.

A droite du corps de garde, se trouve la salle de récréation où les sauveteurs qui ne sont pas de service peuvent se distraire ; ils ont pour cela des journaux, des jeux et un billard.

On voit encore au rez-de-chaussée la salle des médecins, où les élèves des professeurs de l'Université, les médecins-adjoints de l'hôpital Saint-Roch et plusieurs autres médecins font tous les jours des inspections de service. Enfin, on y trouve une chambre élégante et confortable pour le directeur, ainsi qu'un bureau pour le chef de la station.

Un corridor spacieux mène à un escalier large et clair. Dans ce corridor est la cloche d'alarme, qu'on n'emploie qu'en cas de nombreux accidents afin de rassembler tout le personnel en service. L'escalier conduit à l'antichambre du 1er étage. Cette antichambre donne accès à la salle des séances où la direction et le comité tiennent leurs délibérations. On y fait aussi des conférences sur les premiers secours à donner en cas d'accidents. D'un côté de cette salle, se trouvent le cabinet du président et le bureau du secrétaire ; de l'autre, la « caserne », où sont logés gratuitement les douze élèves-docteurs en médecine. Les élèves sont obligés à tour de rôle de monter à deux la garde tous les jours.

Cette institution, que l'on appelle « la caserne », a été créée dans l'intérêt du service et dans celui des étudiants des cours supérieurs de l'école de médecine ainsi que de ceux qui sont à la veille de passer leur examen de doctorat ; elle améliore en effet d'une façon notable leur position matérielle.

Ces douze élèves doivent être à la disposition immédiate du service de sauvetage en cas de nécessité, surtout s'il se produit des accidents graves et multiples.

Un escalier séparé, communiquant directement avec la rue Folyom, conduit, au second étage, au bureau et à l'appartement du directeur, composé de cinq pièces.

Toutes les salles de la station sont chauffées par un calorifère à vapeur à basse pression.

Au fond de la cour, existe une remise pour vingt voitures, une écurie pour les deux chevaux de service et une seconde pour six chevaux de réserve. Le dortoir des cochers est au-dessus de l'écurie, ainsi qu'une grande chambre de domestiques. Au dessus de la remise est le dépôt pour les brancards et le grenier à fourrage.

Actuellement, la Société possède 11 voitures : 3 d'entre elles sont dites « voitures de sauvetage ». C'est avec elles qu'on se rend au lieu de l'accident ; elles sont appropriées au transport des blessés. Elles contiennent deux brancards suspendus qui servent de lit aux patients et que l'on fait aisément entrer ou sortir de la voiture, et deux coffres contenant tous les objets nécessaires aux pansements. Une quatrième voiture semblable aux précédentes, mais ouverte, n'est employée qu'en été ou en cas de nombreux accidents. Il y a, en outre, un coupé destiné au transport des aliénés ; ce coupé n'a pas de fenêtres et est éclairé par une espèce de lucarne grillée percée en haut des panneaux latéraux. L'intérieur de cette voiture est garni tout en caoutchouc ; la portière est à l'arrière et ne peut s'ouvrir que du dehors. La voiture est munie de deux sièges et d'une sonnette d'alarme ingénieusement dissimulée. Celui qui accompagne l'aliéné peut ainsi, en cas de danger, appeler à son secours le cocher et l'assistant assis à côté de lui. Pour le transport des malades appartenant à « la haute classe de la société », on dispose de deux landaus sur ressorts anglais de première qualité afin d'éviter toute secousse.

L'un de ces landaus a sa portière en arrière, pour l'introduction du brancard. A l'intérieur il y a deux sièges, l'un pour le représentant de la Société, l'autre pour un ami ou un parent du malade si l'on désire l'accompagner. Dans le landau se trouvent des boîtes contenant les appareils et le matériel nécessaire à un pansement provisoire ainsi que des stimulants et les autres objets nécessaires au service.

Le second landau est construit de manière à pouvoir s'ouvrir latéralement en poussant en haut la partie supérieure du panneau latéral, de sorte que le brancard sur lequel est le patient puisse glisser aisément de dedans au dehors et inversement. Le brancard est posé sur ressorts. Ces landaus sont extérieurement semblables aux autres landaus, de sorte qu'ils n'excitent pas la curiosité du passant.

Toutes les voitures de la Société de sauvetage sont chauffées en hiver, et leur désinfection ainsi que leur nettoyage sont faits avec le plus grand soin.

Il est absolument défendu de transporter des patients atteints de maladies contagieuses dans les voitures de la Société.

La Société a cependant l'intention de s'occuper aussi du transport des personnes atteintes de maladies contagieuses ; dans ce but elle se propose de faire construire des voitures spéciales contenant des brancards fermés et chauffés, pour que les malades soient bien protégés contre l'influence de l'atmosphère extérieure pendant le transport de leur appartement à la voiture.

En plus des voitures dont nous avons parlé, la Société possède encore des charettes à bras à deux roues munies d'un brancard mobile, un omnibus, des corbillards, des chaises portatives, 74 lits portatifs de différentes constructions et une wagonnette pour le transport des morts. Mais on ne se sert de ces derniers qu'en cas de nécessité absolue lorsqu'il s'agit d'une grave catastrophe dans laquelle il y a beaucoup de blessés.

La Société a aussi une voiture contenant les matériaux nécessaires a toute opération de sauvetage.

Organisation du service. — Le service quotidien de la station centrale est fait par quatre étudiants en médecine — de la classe supérieure — dont l'un est chef de garde. Chaque groupe de sauveteurs monte la garde pendant 24 heures, de sept heures du soir à sept heures du soir le lendemain. Pendant ce temps les agents ne peuvent s'éloigner de la station que s'ils sont envoyés en service extérieur par le chef de garde.

Le contrôle médical est fait par deux officiers en permanence qui sont docteurs en médecine. Ces deux officiers font le service de contrôle à tour de rôte tous les 24 heures. Ils sont secondés par des officiers volontaires qui possèdent le même grade et qui sont désignés pour ce service.

Les fonctions du chef de la station consistent à distribuer, régler et ordonner le ser
vice d'inspection, sous le contrôle et l'approbation du directeur. Il doit surveiller
l'entretien des instruments de sauvetage, en commander de nouveaux sur les ordres du
directeur, les remplacer en cas de nécessité, enfin donner des instructions pratiques
aux sauveteurs.

A la station centrale on constate de seize à dix-huit appels de secours par jour, il y en
a eu jusqu'à vingt-six, mais il y existe toujours un personnel de sauveteurs suffisant pour
prendre la garde ou se rendre en service à l'extérieur.

La Société a récemment organisé le service du transport des malades, à l'exception
des cas contagieux. Ce service est fait sur demande et moyennant une rétribution de 5 à
15 florins selon la voiture demandée. Les pauvres sont transportés gratuitement, s'ils
sont recommandés par les autorités respectives.

Les transports des malades sont assez nombreux, surtout ceux d'invalides et de convalescents se rendant à la campagne.

Les patients apportés à la station centrale n'y reçoivent que les premiers secours ou
des pansements préliminaires ; ils sont immédiatement transportés à leur domicile ou à
l'hôpital.

Afin d'être toujours prête à porter secours, lorsqu'il doit y avoir foule comme dans
les fêtes publiques, les processions, etc., la Société organise dans ces cas des convois et
des stations temporaires.

C'est ainsi qu'elle a pu rendre de très grands services lors des funérailles de Louis
Kossuth, à l'occasion desquelles les officiers et sauveteurs, en service pendant 3 jours,
ont porté secours à 565 personnes.

Des stations temporaires sont installées en hiver près des cercles de patinage, dans les
théâtres et autres lieux de distraction.

Le corps des pompiers signale tout cas d'incendie, afin que l'on puisse envoyer
y des voitures en cas de nécessité.

On signale environ 300 cas d'asphyxie par submersion chaque année à Budapest.
En attendant la création d'un service permanent de sauvetage tout le long du Danube,
la Société a établi en plusieurs endroits des postes de secours où se trouvent les objets
nécessaires pour le sauvetage des noyés. Ces différents postes ont déjà rendu de grands
services.

Le commandant en chef du 4e corps d'armée a demandé à la Société si, en cas de
guerre, elle serait disposée à seconder le corps d'ambulance militaire. La Société a
accepté en réclamant toutefois : l'organisation en temps de paix d'un service régulier de jour et de nuit à chaque gare de chemin de fer de manière à pouvoir s'en servir
en cas de guerre ; l'instruction donnée en temps de paix aux officiers, aux hommes
d'équipe des stations et des trains ; l'adaptation au service d'ambulance volontaire, selon
un modèle approprié et uniforme, de tous les brancards, lits portatifs et autres moyens
de transport appartenant aux hôpitaux.

La Société fournirait d'autre part un nombre suffisant d'officiers capables de diriger les stations à établir. Ces officiers seraient préparés au service par un cours d'instruction et des exercices réguliers, organisés par la Société.

Le ministère de l'Intérieur enfin a demandé l'avis de la Société sur l'organisation générale d'un service de premiers secours dans toute la Hongrie. Un rapport détaillé a été préparé donnant non seulement cet avis, mais aussi la base et les détails de l'organisation uniforme et générale. En voici les détails les plus importants :

L'exécution immédiate des articles de la loi de 1876, ordonnant d'établir dans tous les centres de population des établissements de sauvetage, desservis par les médecins de la localité (art. 140-146);

Tous les appareils et objets de sauvetage doivent être construits sur un modèle uniforme dans tout le pays. Le service doit être aussi organisé d'une façon uniforme;

La Société a fait des propositions au sujet de l'établissement de stations en rapport avec le nombre des habitants des villes, des villages, des communes ou des districts unis en groupes administratifs.

Elle s'est déclarée prête à instruire et à exercer un nombre suffisant d'officiers et de sauveteurs pour servir d'instructeurs aux équipes nécessaires pour créer un service uniforme dans tout le pays.

En outre, elle est disposée à prêter les appareils et objets de sauvetage pour servir de modèles.

Nous avons pu étudier de près le fonctionnement même de cette Société en cas d'accidents multiples. S'il s'agit d'une grave catastrophe, le tocsin sonne longuement. Les officiers et les sauveteurs accourent au corps de garde, les cochers mettent le harnais aux chevaux afin d'être prêts à sortir.

Le directeur ou, en son absence, le chef de station donne les ordres.

En 5 minutes, 8 à 10 voitures avec leurs équipes sont prêtes à partir, aussitôt l'ordre donné; elles jouissent du même privilège que les trains de pompiers, c'est-à-dire que ceux qui les accompagnent peuvent se servir dans les rues du cor pendant le jour et de torches pour la nuit.

Les sauveteurs en service extérieur sont aussitôt remplacés à la station par les sauveteurs en réserve.

Les hôpitaux et la police sont prévenus par téléphone de la catastrophe. Certains médecins des hôpitaux sont avisés de se rendre sur le lieu de l'accident, ce qu'ils peuvent faire aux frais de la Société de sauvetage. Il est ainsi possible de réunir en très peu de temps 60 à 70 hommes compétents pour porter secours, tout en gardant à la station un personnel complet.

Lorsque tous les blessés sont pansés et mis en voiture, un trompette donne le signal de la retraite. Les sauveteurs, qui n'ont pas charge de blessés, rentrent à la station centrale, même s'il est nuit, afin de faire leur rapport au président. Ce rapport est communiqué à la municipalité, à la police et aux journaux. Les sauveteurs en charge de blessés rentrent aussi à la station pour rendre compte de leur mission et se reposer, à moins que le téléphone ne les appelle de nouveau.

La Société a sept années d'existence, elle a été appelée à porter secours dans 51,781 cas, 22,820 fois sur la demande du public, 3,499 fois sur la demande des autorités municipales, 8,348 fois sur appel de la police ; la moyenne annuelle est de 8,800 appels. Elle a été appelée pour 1,429 cas de suicides et tentatives de suicides, elle a assisté à 429 incendies et a transporté 9,956 malades et infirmes de leur domicile à l'hôpital.

En 1893, la Société a fonctionné pour dans 2,961 cas de blessures accidentelles, dans 1,144 cas de maladies subites : apoplexie, accouchements dans la rue, etc. ; dans 312 cas de coups de soleil, de foudre ou de froid, dans 250 cas de suicides ou tentatives de suicides et dans 68 cas d'incendie. Il y a eu 156 faux appels, ce qui n'est pas excessif si l'on considère le nombre élevé des cas dans lesquels elle est intervenue.

Dans cette même année on a compté 3,761 appels de jour et 1,458 appels de nuit ; 1,580 officiers ont fait le service des ambulances temporaires.

Tableau des opérations de 1887 à 1893.

ANNÉES	DEMANDES de LA POLICE	DEMANDES des AUTORITÉS municipales	DEMANDES des PARTICULIERS	LE JOUR	LA NUIT	TOTAL	FAUX APPELS
1887...............	424	116	1,527	1,262	805	2,067	61
1888...............	984	855	4,039	3,600	2,278	5,878	87
1889...............	2,063	569	3,622	3,901	2,353	6,254	99
1890...............	1,062	389	4,564	4,594	1,421	6,015	94
1891...............	1,021	306	3,401	3,687	1,776	10,191	152
1892...............	1,266	968	2,640	4,777	1,710	11,331	180
1893...............	1,528	296	3,057	3,716	1,458	10,055	156
Total.........	8,348	3,499	22,820	25,467	11,801	51,781	829

Budget de la Société. — Les dépenses de la Société pour l'année 1893 ont été de 19,555 florins en dépenses ordinaires et 3,450 florins en dépenses extraordinaires, soit 23,005 florins. Dans les dépenses extraordinaires sont compris les frais de réparation et d'achat d'instruments et d'appareils, ainsi que les frais pour voitures supplémentaires.

Le revenu de la Société se compose d'une subvention annuelle de 10,000 florins donnée par la municipalité, d'une donation de 2,000 florins faite par le Gouvernement cette année pour la première fois, des donations et cotisations annuelles des membres de la Société, des rétributions perçues pour le transport des malades, le tout montant pour 1893 à 18,305 florins, ce qui fait un déficit de 4,700 florins. Pour couvrir ce déficit la Société ne possède que les intérêts des donations, soit 1,600 florins.

STATUTS DE LA SOCIÉTÉ DE SAUVETAGE DE BUDA-PEST.

1. — Le titre de la Société est : *Société de sauvetage de Buda-Pest.*

2. — Le siège de la Société est à Buda-Pest.

3. — Le but de la Société est de porter secours en cas d'accidents se produisant sur le territoire de la capitale, ainsi qu'en cas d'incendie et d'inondation.

4. — Les moyens pour atteindre ce but sont :

1° De fonder dans les arrondissements de la capitale des stations de sauvetage et de premiers secours ;

2° Le transport des malades en général, en temps d'épidémie et de guerre ;

3° L'enrôlement de sauveteurs volontaires, principalement en temps de guerre.

5. — Les femmes et les hommes peuvent être membres de la Société, mais les hommes seuls sont admis comme membres actifs.

6. — Les membres de la Société sont divisés en :

1° Membres fondateurs, payant une somme minima de 200 florins ;

2° Membres protecteurs, payant une somme minima de 50 florins ;

3° Membres ordinaires, payant une cotisation annuelle de 3 florins ;

4° Membres honoraires, à savoir toutes personnes ayant rendu des services dans l'intérêt des progrès de la Société. Les étrangers peuvent devenir membres honoraires.

7. — Les devoirs des fonctionnaires sont fixés dans les règlements du service.

8. — Tout membre actif qui se sera signalé dans le service sera récompensé par une distinction.

Les membres qui ne font pas partie du service ne peuvent exercer aucune influence sur les affaires de la Société, si ce n'est les médecins.

9. — *Constitution de la Société.* — La Société est constituée du jour où elle comprend 300 membres.

10. — Les droits d'un membre cessent :

1° S'il se retire volontairement ;

2° Par une déclaration du jury, faite en conformité à l'art. 29 de ces statuts.

11. — *Assemblée générale.* — L'assemblée générale représente les membres de la Société et ses décisions sont obligatoires même pour les membres absents.

12. — Les séances extraordinaires de l'assemblée générale seront fixées par le Comité, en désignant la cause et le sujet, 15 jours d'avance, si l'intérêt de la Société l'exige, ou quand 50 membres le désireront.

Un membre fondateur possède 5 votes, un **membre protecteur 2.**

13. — Les convocations pour l'assemblée générale en temps ordinaire seront faites 15 jours avant·la réunion par lettres de convocation ou par les journaux.

14. — L'assemblée générale est en nombre légal du moment où il y a 100 votes exprimés. Si l'assemblée n'est pas en nombre, la séance est ajournée à 15 jours. Dans ce cas ses décisions sont légales, même si on n'atteint pas le nombre de votes voulu.

15. — L'assemblée décide à la majorité des votes. Elle nomme le président pour trois ans à la majorité absolue, un premier et un second vice-présidents, les membres du Comité, deux réviseurs et enfin le jury pour un an. Tous ces fonctionnaires sont pris dans l'assemblée.

16. — Les décisions de l'assemblée sont inscrites sur un registre, signées par le président, le secrétaire et deux membres désignés par la Société.

17. — *Le Comité*. — Le Comité se compose de 50 membres.

Le président du·Comité est le président de la Société, ou, en son absence, un des deux vice-présidents.

Le Comité se réunit une fois par mois.

Dix membres et le président sont en nombre suffisant pour décider sur les questions soumises.

18. — Dans les cas importants le Comité nomme un sous-comité qu'il choisit parmi ses membres.

19. — Le Comité soumet des propositions à l'assemblée générale, exécute ses résolutions, présente à la Société le bilan et les comptes rendus de ses opérations.

20. — Le Comité dirige les affaires de la Société. Le secrétaire est payé, il est chargé de la correspondance et de tous les documents nécessaires. Son traitement est fixé par le Comité.

21. — *La direction*. — Le directeur est élu par le Comité qui le choisit parmi ses membres. La direction se compose : du directeur, du médecin en chef, du secrétaire, du contrôleur et de deux membres désignés par le Comité.

22. — Le président de la Société ou son remplaçant préside aux séances du comité de direction; quatre membres et le président suffisent pour prendre des décisions.

23. — Le Comité de direction est chargé de l'exécution des actes de la Société; il adresse ses rapport au Comité tous les mois et a le droit d'approuver les dépenses jusqu'à concurrence de 300 florins.

24. — Le directeur ou son remplaçant dirige tout le service, surveille tous les objets de sauvetage et fait des propositions à la direction.

Il dirige l'instruction donnée aux membres en fonction et la contrôle, secondé par le médecin en chef.

Il nomme le personnel du service et le renvoie.

25. — *Le médecin en chef*. — Le médecin en chef est à la tête du service de sauvetage.

Il instruit les membres de service ou dirige leur instruction. Ces derniers ne peuvent entrer en service qu'après avoir fait preuve de leurs capacités.

26. — En cas d'absence du président, un des vice-présidents représente la Société.

26. — Toute publication ou annonce est *valable* si elle est signée par le président ou le vice-président et par le secrétaire.

27. — Les fonds de la Société consistent :

1° En donations et contributions énumérées à l'art. 6 ;

2° En donations de la municipalité et de l'Etat ;

3° En legs et bénéfices.

28. — L'inventaire de la Société comprend les voitures de transport, les lits et les chaises portatifs ainsi que les appareils de chirurgie.

29. — En cas de dissidences entre les membres sur les affaires de la Société, un jury est élu pour régler le différend.

Le jury se compose de deux juges pour chaque membre.

Le président de ce jury est le président de la Société.

Chaque membre est obligé de se soumettre au verdict du jury.

30. — *Dissolution de la Société*. — En cas de dissolution de la Société, les fonds seront remis à la municipalité de la capitale.

IV. — DÉMOGRAPHIE DE BUDAPEST (1).

Il n'est pas sans intérêt de rapprocher ces renseignements de ceux qui nous ont été fournis sur la démographie de Budapest, notamment au point de vue de son développement, de sa natalité et de sa mortalité.

La marche du développement de Budapest est un exemple frappant de la façon dont une ville insignifiante peut devenir un grand centre, grâce à l'heureux concours de facteurs politiques et sociaux. Il n'y a pas longtemps, Budapest dépassait à peine les petites villes ; au milieu de ce siècle elle a bien pris un certain essor, mais sa prospérité n'a commencé qu'avec le rétablissement de la monarchie hongroise, rétablissement auquel a succédé la réunion des villes de Pest et de Bude. Depuis cette réunion, la capitale s'est agrandie et s'est embellie dans des proportions que nul n'aurait prévues ; elle s'est élevée au rang de l'une des principales capitales européennes. Aujourd'hui la capitale hongroise occupe, quant au chiffre des habitants, la onzième place en Europe et la vingt-neuvième parmi les villes du globe tout entier, et cependant elle n'a pas atteint le point culminant de son développement. « Il faut avouer que le progrès n'a pas toujours marché de pair avec l'agrandissement de la ville, mais on ne doit pas s'en étonner, car l'essor prodigieux de Budapest a été l'œuvre d'un demi-siècle à peine et la culture n'y a pris racine qu'après avoir occupé en Europe une place prédominante, Il suffit de rappeler qu'au commencement du xviii⁰ siècle, lorsque Berlin comptait 55,000 habitants, Naples 200,000 et Paris 720,000, Pest était encore une petite commune comptant à peine 2,000 âmes, et quelle n'était déjà alors l'importance politique, industrielle et économique de Paris! L'avance fut telle que Budapest n'a pu la rattraper dans un délai aussi bref, mais les lecteurs de ce livre vont acquérir la conviction que le développement de la capitale hongroise a été prodigieux et grandiose dans tous les domaines et dans tous les sens. »

Le tableau ci-après indique la façon dont s'est développée la population de la capitale pendant les deux derniers siècles :

ANNÉES	RIVE DROITE — BUDE ET VIEUX BUDE	RIVE GAUCHE — PEST	BUDAPEST	ANNÉES	RIVE DROITE — BUDE ET VIEUX BUDE	RIVE GAUCHE — PEST	BUDAPEST
1720....	9,600	2,600	15,200	1851....	50,127	127,935	178,062
1780....	21,665	13,550	35,215	1870....	70,000	200,476	(1) 280,349
1799....	24,306	29,870	54,176	1881....	75,794	284,757	(2) 370,767
1810....	24,910	35,349	60,259	1891....	92,465	399,772	(3) 506,384
1821....	33,281	45,318	78,599				
1831....	38,565	64,137	102.702	(1) Y compris 3,873 soldats. — (2) Y compris 10,216 soldats.			
1841....	38,974	68,266	107,240	— (3) Y compris 14,147 soldats.			

(1) Les renseignements qui vont suivre ont été fournis par M. le docteur Mirrvy et M. le docteur Korosy.

Il ressort de ce tableau que, depuis 170 années, la ville de Budapest a parcouru plus de chemin que n'importe quelle ville d'Europe. Sa population est devenue quarante-deux fois plus nombreuse et cet accroissement est surtout le résultat des trente dernières années.

Pendant l'époque de 1881 à 1891 la population des villes ci-après s'est augmentée par 1,000 habitants de :

Budapest	90.7	habitants.
Berlin,	88.2	—
Glascow	70.7	—
Vienne	53.9	—
Paris	38.1	—
Londres	37.7	—

On voit qu'aucune grande ville de l'Europe ne s'est accrue aussi considérablement que Budapest. Encore faut-il tenir compte du fait que les villes de Vienne et de Budapest ont beaucoup augmenté par l'englobement des communes suburbaines.

Il y a actuellement à Budapest 85 à 87 mariages par an et sur 10,000 habitants.

L'état de famille et l'âge des mariés dénotent clairement les motifs qui président aux mariages. La majeure partie des mariages, 80 % ont lieu entre célibataires, 17 % se concluent entre célibataires et personnes se remariant, enfin 3 % restent pour les seconds mariages.

En ce qui concerne l'âge presque la moitié des mariés ont de 24 à 29 ans, un tiers de 30 à 40 ans ; les mariées forment plusieurs groupes d'âge, entre 17 et 39 ans ; l'âge moyen serait à Budapest : 29,9 ans pour les célibataires et 26,3 pour les femmes.

La proportion des naissances est toujours assez élevée à Budapest, bien qu'elle diminue à mesure que la population s'accroit, comme dans toutes les villes où l'immigration est considérable.

Alors qu'en 1870, on y constatait 44 à 45 naissances par 1,000 habitants, il n'y en a plus aujourd'hui que 35 à 36. Néanmoins c'est encore un chiffre assez élevé si l'on se rapporte au tableau ci-après :

Natalité en 1893.

Paris	25,2	⁰/₀₀.
Bruxelles	25,9	—
Berlin	27,4	—
Stockholm	28,3	—
Dublin	28,5	—
Londres	30,9	—
Dresde	32,3	—
Vienne	33,1	—
Liverpool	35,5	—
Hambourg	36,7	—
Budapest	36,8	—
Varsovie	42,5	—

La natalité est d'habitude plus forte au printemps ; elle baisse en été et en automne. Elle augmente dans les divers arrondissements, en raison inverse du bien-être de la population :

36 à 40 °/oo dans les quartiers pauvres, contre 18 dans les quartiers riches.

Un tiers à peu près est formé de naissances illégitimes.

On compte enfin 43,4 mort-nés sur 1,000 naissances, surtout du sexe masculin.

En 1893, les enfants illégitimes ont fourni les 28,6 °/o des enfants nés vivants et les 34 °/o des mort-nés et avortés.

Mortalité. — Budapest a, depuis longtemps, la réputation de présenter une très grande mortalité. Autrefois cette réputation était bien méritée ; car, vers 1870. la mortalité était réellement plus forte que dans la plupart des villes de l'Europe, mais, grâce aux efforts des autorités et de la population, les conditions s'en sont notablement améliorées. Elles n'ont pas encore, à vrai dire atteint le niveau des grandes villes de l'occident, mais nous pouvons affirmer que Budapest ne mérite plus guère le nom de ville à mortalité très élevée ou de ville malsaine.

Ici nous ferons simplement remarquer un fait. Il est vrai que la mortalité n'est pas exclusivement déterminée par les conditions locales de la capitale, mais encore par cette circonstance qu'en Hongrie, en raison des conditions économiques et culturales, la durée de la vie est en général plus courte que dans les états plus avancés de l'Occident et que la population affluant dans la capitale ne saurait se soustraire à la situation générale que présente la vitalité dans le pays tout entier. Mais il est certain que le sol contaminé, l'air vicié, l'eau potable en partie non filtrée, la canalisation défectueuse, l'insalubrité des logements et l'apathie de la population, en ce qui concerne les exigences de l'hygiène, contribuent beaucoup à empirer les conditions sanitaires et à augmenter la mortalité.

Le tableau suivant fait ressortir la diminution constante de la mortalité, interrompue seulement par les années de choléra.

ANNÉES	MORTALITÉ TOTALE	POUR °/oo	ANNÉES	MORTALITÉ TOTALE	POUR °/oo
1874	12,869	44.9	1884	12,751	30.6
1875	12,026	41.5	1885	12.659	29.4
1876	12,294	41.9	1886	(1) 16,724	37.7
1877	12,614	39.8	1887	13,854	30.3
1878	12,874	38.6	1888	14,021	29.7
1879	12,139	34.7	1889	13,341	27.5
1880	12,312	33.6	1890	14,506	29.2
1881	13,055	34.5	1891	14,335	27.9
1882	12,865	32.9	1892	14,732	28.0
1883	12,300	30.5	1893	13,456	24.9

(1) Année de choléra.

L'amélioration ressort de ce que le nombre absolu des décès n'a augmenté que de 1/6, bien que la population ait presque doublé depuis 1874. Avec la mortalité actuelle, le nombre des décès est inférieur de 9,000 au nombre que nous devrions inscrire si la mortalité était encore la même que vers 1870. C'est un progrès énorme, tel qu'on constate dans très peu de villes, un progrès prouvant clairement que Budapest avance rapidement dans la voie de la civilisation et combien la ville s'efforce de réparer les erreurs du passé. Ce n'est pas le manque d'efforts sérieux, mais le manque de temps et la multiplicité de nos tâches qui sont la cause que l'amélioration ne soit pas complète et que Budapest figure encore parmi les villes à mortalité assez élevée.

Voici le nombre des décès sur 1,000 habitants relevés en 1893 dans quelques villes de l'Europe :

Stockholm	19,1
Bruxelles	19,8
Hambourg	20,4
Berlin	20,8
Londres	20,8
Paris	21,8
Vienne	23,5
Dresde	23,6
Varsovie	24,2
Budapest	26,7
Dublin	26,9
Liverpool	27,9

Étant données les conditions spéciales de la Hongrie, la mortalité de Budapest est assez satisfaisante. C'est que les adultes présentant une mortalité inférieure y dominent, tandis que la proportion des enfants en bas âge y est très faible.

Aussi la capitale occupe-t-elle une place favorable parmi les villes hongroises et sa mortalité est même inférieure à la moyenne du pays. Cela prouve en outre que l'amélioration des services sanitaires est susceptible de paralyser les influences défavorables qui pèsent sur la vie humaine dans les grandes villes.

En parlant de la natalité, nous avons fait ressortir l'influence que les conditions sociales des divers arrondissements exercent sur la fréquence des naissances. Ces conditions s'appliquent aussi à la mortalité ; dans les arrondissements IV et V, renfermant la population la plus riche et la plus instruite, la mortalité (12,8 et 21,0 °/oo) n'est pas plus grande que dans les villes anglaises dont les conditions hygiéniques sont très favorables ; les arrondissements I, II, IV et VI se rangent parmi les grandes villes à mortalité moyenne ; enfin, dans les quartiers les plus pauvres (IX, III et X), le chiffre de la mortalité est décidément élevé (30 °/oo).

Ces écarts se rattachent intimement à] la fréquence des naissances, c'est-à-dire au nombre des enfants. Dans les quartiers où la natalité est élevée, la mortalité est plus grande que dans les arrondissements comptant peu d'enfants. C'est ce qui explique la place favorable que Budapest occupe à cet égard parmi les villes hongroises.

La mortalité des enfants a sensiblement décru, de même que la mortalité en général. Vers 1890, plus de la moitié des décès (50 à 58 %) se rapportait aux enfants au-dessous de 5 ans, tandis que maintenant la proportion y relative varie entre 43 et 44 %.

Cela s'explique en partie par ce fait que l'accroissement du nombre des adultes doit forcément faire baisser la proportion des enfants décédés; on peut pourtant dire que la diminution de la mortalité des enfants marche de pair avec celle de la mortalité en général.

Si nous comparons les conditions d'âge à Budapest avec celles des autres villes, nous sommes frappés par ce fait — qui caractérise le mieux le prodigieux développement de cette capitale — c'est que, dans aucune des grandes villes, le groupe des individus âgés de 15 à 40 ans, n'est aussi nombreux qu'à Budapest, c'est-à-dire que l'absortion provinciale ne s'opère nulle part avec une intensité aussi forte. A Budapest seulement, on constate le phénomène extraordinaire que ce groupe comprend plus de la moitié de la population. A Paris même, il n'atteint que 47,7 % et cependant la proportion des adultes y est particulièrement grossie par la quantité extrêmement faible des enfants (19,61 %). A Londres, la plus grande ville du monde, le nombre des individus entre 15 et 40 ans ne s'élève qu'à 43 %. Le phénomène que présente la ville de Budapest est d'autant plus remarquable que, dans la population totale du pays, le groupe qui alimente la population adulte (15 à 40 ans) de la capitale est relativement de beaucoup plus faible que dans les pays étrangers. C'est ce qui dénote le mieux l'extraordinaire force d'absoption de notre capitale et l'action prépondérante qu'exerce l'immigration dans la constitution de la population de Budapest.

Une grande partie de Budapest a été construite sur l'emplacement d'anciens cimetières dont on a retrouvé les traces sous le boulevard du Musée, sous la rue Rostély, sous la rue Imre et ailleurs. Il résulte des recherches du professeur Fodor que les matières organiques constituent le 0,778 % du sol de Budapest et que certains terrains se composent exclusivement d'immondices. Ses travaux ont démontré que la contamination du sol augmente avec la population et que les épidémies sévissent surtout dans la zone du sol infecté et dans les endroits où les eaux souterraines affleurent à la surface du sol. En raison de l'infection du sol, l'eau des puits s'est également détériorée, ce qui constituait un inconvénient particulièrement grave alors que la ville n'était pas entièrement desservie par les aqueducs.

En dehors du climat, deux faits encore vicient l'atmosphère : c'est d'abord le barrage du bras du Danube de Sorokiar, à la suite duquel les évaporations émanant du lit desséché ont affecté la population des quartiers voisins ; le second fait, ce sont les odeurs des immenses porcheries de Kobauya, que les vent amènent dans la ville et surtout dans le Xe arrondissement.

Parmi les faits sociaux et économiques, nous devons en premier lieu mentionner le niveau cultural primitif et la pauvreté d'une grande partie de la population. La capitale hongroise, qui se développe avec la rapidité des villes américaines, a attiré de toutes les parties du pays beaucoup d'éléments sociaux qui sont encore loin des premiers degrés de la culture; ces éléments, dépourvus des notions les plus élémentaires d'hygiène et de propreté et qui grouillent dans la plus profonde misère, habitaient des sous-sols insalubres, encombrés et qui constituaient autant de foyers d'épidémie. Le mal avait encore été aggravé par la cherté des loyers, car même les classes moins misérables de la population étaient refoulées dans des logements dépourvus de confort, de propreté et de tout ce qui est nécessaire à la santé. En raison des prix élevés des loyers, les classes pauvres furent forcées de partager leurs habitations déjà exiguës avec des sous-locataires et des gens qui n'y venaient que coucher la nuit. Le grand nombre de ces sous-locataires et « locataires de lits » est un fait particulièrement caractéristique des conditions de logement. Et voilà comment près du huitième de la population se trouvait relégué dans des sous-sols humides et sombres, dont une partie était dépourvue de tout ce qui constitue un logement humain. Ce qui précède ne s'est pas passé exclusivement à Budapest, mais plus ou moins dans presque toutes les grandes villes; chez nous, l'inconvénient était doublement grave à cause des conditions défavorables précédemment énumérées.

Enfin, l'on disait relever les services défectueux de l'hygiène publique, le défaut de mesures prophylactiques, la propreté publique négligée, la canalisation incomplète, les vicissitudes du service des eaux. L'on comprend alors que la santé publique, attaquée par tant de facteurs, ne pouvait être satisfaisante.

Depuis une quinzaine d'années, on a plaisir à constater des changements considérables. Les autorités ont fini par comprendre la grave responsabilité qui leur incombe et, avec un zèle fiévreux, elles se sont attachées à améliorer les conditions sanitaires. On ne saurait cependant pas réparer tout d'un coup les fautes de longues années, et les mesures administratives seules ne pouvaient suffire à l'avènement d'une autre situation. Les autorités ont voulu d'abord assurer les bases générales d'un état nouveau et organiser la prophylaxie contre les épidémies. En premier lieu, elles se sont préoccupées de la distribution de l'eau potable, de la canalisation, de la salubrité publique et des logements. Ce n'est pas la faute de la ville si la question des aqueducs, qui a si longtemps traîné, vient seulement d'entrer dans la phase d'exécution; mais déjà la solution partielle, l'extension du réseau des conduites, a rendu d'incalculables services à la santé publique. La question de la canalisation des égouts approche aussi de sa solution, ce qui supprimera une des calamités les plus graves de la ville. La salubrité publique a fait également des progrès sensibles et la ceinture des bois créés à la lisière orientale de la ville arrête les tourbillons de poussière venant de Rakos. La question des logements offrait des difficultés plus grandes; ici, l'autorité ne pouvait prendre que mesures prohibitives, faire évacuer les logements encombrés et insalubres, et interdire d'habiter dans les sous-souls; mais il lui était impossible de supprimer le véritable motif de la calamité, la cherté des loyers, et la création de logements-baraques provisoires ne fut qu'une solution partielle et momentanée; quant à la solution définitive, elle ne pourra s'opérer que par des réformes sociales. Mais l'Administration s'est honorée en améliorant les conditions d'approvisionnement de Budapest, en instituant les abattoirs (modèles du genre) et le marché aux bestiaux, en perfectionnant la police des marchés et en facilitant l'importation des vivres. Les halles centrales. qui vont être construites, amélioreront également les conditions de l'inspection des produits alimentaires. C'est surtout la prophylaxie des épidémies qui préoccupe la municipalité; il est vrai qu'il reste encore bien des choses à faire. mais elle a prescrit la déclaration obligatoire de tout cas de maladie infectieuse, elle a subventionné ou créé des hôpitaux modernes, des consultations gratuites, des établissements de bienfaisance (sauveteurs, cuisines populaires, refuges contre le froid), elle a a procédé à l'organisation pratique de la désinfection, elle a fondé un établissement *ad hoc* et un hôpital spécial pour maladies contagieuses ; elle a ainsi acquis des titres à la gratitude de tous ceux qui sont intéressés à l'amélioration de l'hygiène publique (1).

Les résultats de cette activité ne se sont pas fait attendre. On a déjà mentionné la diminution extraordinaire de la mortalité depuis 1870. Avant ces mesures préventives, lesquelles ont diminué surtout le nombre des cas de maladies infectieuses, on constatait sur 10,000 habitants 46,7 décès de maladies contagieuses; après leur adoption, cette proportion a été ramenée à 26,3. Si les conditions sanitaires étaient demeurées les mêmes, les maladies contagieuses emporteraient chaque année un millier d'hommes de plus sur une population de 500,000 habitants. La disparition complète de la variole est un fait particulièrement satisfaisant; elle était jadis permanente, en 1874 et en 1886 elle a fait des ravages épouvantables et maintenant elle s'est complètement éteinte. La variole a emporté :

ANNÉES	PERSONNES	ANNÉES	PERSONNES
1874	945	1887	376
1881	442	1888	14
1882	393	1889	»
1883	77	1890	»
1884	67	1891	2
1885	179	1892	4
1886	1.558	1893	6

Le nombre des décès de fièvre typhoïde a également beaucoup baissé, ce qui se rattache surtout à l'extension de la canalisation d'eau potable. De 1860 à 1870, la ville de Pest à elle seule donnait annuellement 4 à 500 décès de fièvre typhoïde, Le nombre des victimes dans la capitale entière a atteint : en 1890, 157; en 1891, 127; en 1892, 137; et en 1893, 80 en tout.

---

(1) La création des magnifiques institutions hygiéniques en cours d'organisation ressort de l'importance des sommes que la municipalité a décidé d'y affecter : aqueducs définitifs de la rive gauche, 6 millions de florins ; grands égouts collecteurs, 5,263,800 florins ; halles centrales et huit marchés d'arrondissement, 8,300,000 florins; hôpital pour maladies contagieuses, 639,000 florins; achèvement de l'établissement central de désinfection, 132,000 florins; transfert de l'hôpital Saint-Roch, 1,500,000 florins. La ville a donc dépensé, pour les créations hygiéniques, au cours de quelques années seulement, 22 millions de florins.

Parmi les autres maladies contagieuses, la diphtérie et le croup donnent environ 2,000 cas par an et la rougeole jusqu'à 4,000. De 1884 à 1893, il y a eu un total de 91,909 cas de maladies contagieuses; 15,141 de ces cas ont eu une issue fatale. Depuis l'adoption des mesures préventives, les maladies contagieuses ont diminué d'intensité dans les arrondissements III et X. Quelques-unes desdites maladies prennent parfois une tournure épidémique; le choléra en est la plus redoutée, quoiqu'il fasse relativement peu de victimes. Il y a eu jusqu'ici à Budapest six épidémies cholériques, savoir :

ANNÉES	CAS	DÉCÈS
1831	2.450	1.526
1854-55	3.520	1.848
1866	4.082	1.944
1872-73	5.284	2.558
1886	1.164	565
1892	889	499

Parmi les autres causes de décès, les plus fréquentes sont la phtisie, la pneumonie, la bronchite, le catharre intestinal, l'inflammation des intestins.

Mentionnons enfin qu'en 1891 l'on a constaté dans la capitale 2,747 individus présentant des défauts physiques ou intellectuels : 359 aveugles, 440 sourds-muets, 1,609 aliénés et 239 idiots. Sur ce nombre, ont été placés dans des établissements spéciaux : 89 aveugles, 92 sourds-muets, 1,397 aliénés et 46 idiots. On voit donc que les institutions spéciales existant à Budapest ont pu recueillir à peine les deux tiers de ces malheureux. Mais l'on doit ajouter que la plupart desdits individus proviennent de la province.

V. — PIÈCES ANNEXES.

SOMMAIRE :

ANNEXE N° 1.

Communications de M. le docteur A.-J. Martin au Congrès d'hygiène de Budapest.

I. — LA PROPHYLAXIE ADMINISTRATIVE DE LA VARIOLE A PARIS EN 1893-1894.

Parmi les maladies transmissibles qui sévissent d'ordinaire à Paris, la variole est l'une de celles dont la gravité est le moins grande; mais elle procède par poussées épidémiques à périodicité presque régulière; si bien que, lorsqu'elle vient à augmenter, il convient de ne pas hésiter un instant et d'en préparer l'attaque résolûment.

I

En 1870-1871, la variole fit, pendant le siège, un nombre considérable de victimes qu'on a évalué à près de 15,000. Si le chiffre des décès n'a pu être exactement calculé pour 1870, on en peut compter 2,777 en 1871, soit une mortalité de 149 $°/_{000}$. Depuis cette époque, la variole a eu la marche suivante :

Mortalité par la variole à Paris.

ANNÉES	DÉCÈS	POUR °/₀₀₀₀	ANNÉES	DÉCÈS	POUR °/₀₀₀₀
1871................	2,777	149	1883................	453	20
1872................	102	5	1884................	75	3
1873................	17	0.9	1885................	194	8
1874................	46	2	1886................	216	9
1875................	253	13	1887................	397	17
1876................	370	19	1888................	292	11
1877................	136	7	1889................	130	6
1878................	89	4	1890................	76	3
1879................	911	43	1891................	39	2
1880................	2,260	99	1892................	42	2
1881................	1,041	44	1893................	260	11
1882................	661	28	1894 (6 premiers mois).	162	6

Comme on le voit, après 1871 la variole avait cessé, avec une faible exacerbation en 1875, 1876, 1877, lorsqu'en 1879, une nouvelle épidémie grave se montra. L'échéance quinquennale suivante (1885-1886) donna lieu à des manifestations relativement faibles de la maladie. Enfin, l'échéance décennale de 1890-1891, que l'on pouvait justement redouter, fut évitée et les cas de variole se montraient de plus en plus rares, lorsqu'au printemps de 1893, ils augmentèrent peu à peu chaque semaine.

L'épidémie de 1893 ne laissait donc pas que d'être assez menaçante. L'immunité de la population parisienne, du fait des épidémies antérieures ou du fait des vaccinations et revaccinations qu'on accepte et pratique plus volontiers dans de telles circonstances, cette immunité n'était sans doute plus acquise; les premières semaines, l'on pouvait craindre un retour du fléau variolique dans les mêmes conditions qu'autrefois; le relevé que nous venons de reproduire est singulièrement instructif à cet égard.

Cependant l'épidémie, que l'on peut considérer aujourd'hui (juin 1894) comme terminée, a eu une durée incomparablement moins longue que les précédentes; elle fit un nombre de victimes beaucoup moins considérable et elle procéda par à-coups successifs, montrant ainsi, c'est du moins ce que nous voudrions prouver, que, partout où elle apparut, elle fut assez vigoureusement combattue pour cesser bientôt et pour ne donner lieu à aucun foyer permanent, contrairement à ce qui fut antérieurement et toujours observé.

II

Dans un travail récent, le savant et dévoué directeur du service de la vaccine à l'Académie de médecine, M. le docteur Hervieux, a fait remarquer que l'épidémie de variole qui sévit en France en 1893 avait son origine première en Angleterre, d'où elle fut importée d'abord dans les départements qui sont le plus en rapport avec le littoral de la Manche. A Paris, nous savons que certaines communes de la banlieue nord-est, telles que Pantin, Aubervilliers, Levallois-Perret, étaient le siège d'épidémies varioliques assez sérieuses pendant les premiers mois de 1893, avant qu'on signalât une augmentation de la maladie dans l'enceinte parisienne.

Toutefois, ce ne furent pas tout d'abord les arrondissements de Paris les plus proches de cette région qui furent frappés par la variole. Il semblerait que le XIIIᵉ arrondissement devrait être considéré comme le foyer initial de l'épidémie, s'il ne fallait remarquer que la partie de cet arrondissement qui fut le plus éprouvée fut celle qui était habitée par une population ouvrière misérable, plus particulièrement occupée au triage des chiffons et à des industries l'obligeant à des déplacements quotidiens à travers tout Paris.

Peu de temps après, le centre d'épidémie fut nettement localisé au XVIIIe arrondissement, proche des communes de la banlieue dont nous venons de parler; c'est là, d'ailleurs, que la maladie parut la plus résistante, formant de temps à autre de nouveaux foyers secondaires, tenant pour une part à la difficulté que l'application des mesures prophylactiques y éprouvait sans cesse.

En étudiant la marche de l'épidémie à travers Paris, l'on est de suite frappé de ce fait que plusieurs parties de Paris restèrent indemnes. Les arrondissements les moins frappés sont ici, comme pour toutes les maladies épidémiques, ceux qui sont habités par une population aisée et sur le territoire desquels la densité de la population est le moins grande. Ce sont aussi ceux dont les habitants ont le plus de facilités pour bénéficier des avantages de la vaccination et de la revaccination.

D'ailleurs, c'est la population pauvre qui, comme toujours, paya le plus fort tribut à l'épidémie, ainsi qu'en témoignent les chiffres ci-dessous :

Varioleux soignés dans les hôpitaux de Paris (1893 et 6 mois de 1894).

SEXES	ADMIS	SORTIS GUÉRIS	DÉCÉDES
Masculin.......................	1,534	1,364	170
Féminin	1,568	1,434	134
	3,102	2,798	304

Ainsi, sur 422 décès, 304, soit les trois quarts, ont eu lieu dans les hôpitaux.

La mortalité parmi les décédés dans les hôpitaux a été, d'après les chiffres qui précèdent, de 9.80 °/₀, qui, si on l'applique aux 422 décès, chiffre total observé tant à l'hôpital qu'en ville dans l'année 1893 et dans les six premiers mois de 1894, donne un nombre de 4,306 cas. Mais on doit, en réalité, l'augmenter quelque peu; car le Service municipal de désinfection s'est rendu dans près de 6,000 logements pour des cas de variole, ainsi qu'on le verra plus loin. Il faut aussi admettre qu'en ville, la léthalité de la variole a été moindre, soit que les cas aient été moins graves, soient qu'ils aient pu être plus rapidement et plus facilement traités. Quoi qu'il en soit, il n'est pas douteux que la variole, en 1893-1894, a été des plus graves; ceux qui en ont été atteints ont succombé dans une proportion assez élevée pour que l'on puisse en inférer que la population parisienne était très sérieusement menacée.

Aussi était-il du devoir de l'Administration municipale de fournir à celle-ci tous les moyens prophylactiques dont il convient d'user en pareil cas, à savoir : l'information officielle des cas observés; l'isolement pratiqué dans la mesure du possible, notamment par l'hospitalisation dans des locaux spéciaux et appropriés où les varioleux sont transportés à l'aide de voitures également spéciales et appropriées; la désinfection et surtout la vaccination et la revaccination.

Nous n'avons pas à refaire ici l'exposé de l'organisation des services administratifs institués depuis plusieurs années à Paris dans ce but; on nous permettra toutefois d'insister plus particulièrement sur ceux qui ont été surtout utilisés au cours de l'épidémie récente de variole et dont nous avions l'honneur d'avoir la direction ou la surveillance.

III

Au mois de juillet 1892, au début d'une épidémie de choléra, le Conseil municipal demanda à M. le préfet de la Seine la création d'un service spécial, dénommé Inspection générale de l'assainissement et de la salubrité de l'habitation, qui est spécialement chargé d'assurer la prophylaxie des maladies transmissibles à Paris. Il s'efforce de recueillir le plus rapidement possible toutes les informations qui lui permettent de connaître l'existence des cas de ces maladies et d'assurer non moins rapidement l'exécution des mesures prophylactiques susceptibles d'en entraver la propagation.

Dès l'apparition de l'épidémie de variole dont nous nous occupons en ce moment, l'Inspection générale de l'assainissement s'empressa de multiplier ses moyens d'information ordinaires, à savoir : le relevé fourni par les mairies des décès déclarés; l'indication du domicile et du nom de tout varioleux reçu à l'hôpital; le relevé, envoyé par les directeurs ou directrices d'écoles, des enfants malades; les demandes de désinfection faites par les administrations publiques, les médecins traitants, les familles, les commissaires de police, etc., etc. Un grand nombre de ces informations étant reçues par téléphone ou télégramme, le service était mis à même d'agir vite.

Des voitures de transport sont mises à Paris à la disposition des familles ayant à conduire à l'hôpital un malade contagieux; les ambulances municipales font accompagner le malade par une infirmière diplômée. Les varioleux, on le sait, sont soignés dans des établissements spéciaux qui dépendent de l'administration de l'Assistance publique.

Contre la variole, la prophylaxie par excellence consiste à vacciner et revacciner au plus vite et en masse la population. A Paris, comme nous l'avons exposé ci-dessus, il était certain que la plus grande partie des habitants présentait une réceptivité toute spéciale, en raison de l'éloignement des épidémies antérieures. Parmi les adultes, il est vrai, un grand nombre avaient pu être revaccinés au régiment ou dans les administrations publiques et la population enfantine en âge scolaire avait dû être revaccinée dès l'entrée aux écoles primaires publiques.

L'expérience montra toutefois que la majeure partie de la population parisienne n'était pas revaccinée depuis un temps assez court pour n'avoir pas à redouter l'invasion variolique et, comme toujours, la maladie sévit parmi les adultes. On en peut juger par les chiffres suivants :

Mortalité par variole à Paris, par âge (1893 et 6 premiers mois de 1894).

0 mois à 3 mois	50 décès.	} 93 avant 1 an.
3 mois à 1 an	43 —	
1 an à 2 ans	26 —	
2 ans à 5 ans	17 —	} 66 de 1 an à 20 ans.
5 ans à 19 ans	23 —	
20 ans à 39 ans	126 —	
40 ans à 59 ans	120 —	} 263 après 20 ans.
60 ans et au-dessus	17 —	

422 décès.

Ce relevé témoigne une fois de plus de la nécessité de vacciner les enfants dès les premiers jours de la naissance et de la nécessité non moins impérieuse de soumettre les adolescents, les jeunes gens et les adultes à des revaccinations répétées à intervalles réguliers pendant le cours de la vie.

Au fur et à mesure que les cas de variole commençaient à se multiplier au printemps et pendant l'été de 1893, l'Administration se préoccupait de faciliter à la population parisienne les moyens de se faire vacciner et revacciner. Des instructions pressantes étaient envoyées aux maires et aux administrateurs des bureaux de bienfaisance afin que les habitants de leurs quartiers respectifs fussent informés des jours et heures des séances de vaccinations publiques. Mais on ne tarda pas à remarquer que celles-ci étaient fort peu utilisées par les adultes que leurs occupations ou l'ennui d'un dérangement empêchaient de se rendre dans les locaux où ont lieu ces séances. Aussi se préoccupa-t-on de faire pratiquer les inoculations vaccinales dans les habitations même où l'on constatait des cas de variole. Ou bien l'on pouvait charger des médecins de vacciner, avec du vaccin animal expédié par tube ou sur plaque ; ou bien l'on pouvait envoyer des vaccinateurs accompagnés d'une génisse vaccinifère. On ne tarda pas à reconnaître que ce second moyen pouvait seul être assez apprécié pour assurer un grand nombre de vaccinations ; après quelques essais, on résolut d'y avoir méthodiquement recours.

Le bureau du Conseil municipal, présidé par M. Humbert, pensa, en effet, qu'au début d'une épidémie variolique aussi menaçante, il y avait lieu d'étendre le service ordinaire de la vaccination publique dont l'administration de l'Assistance publique est chargée dans ses bureaux de bienfaisance. Voulant mettre à profit les moyens d'information que possédait l'inspection générale de l'Assainissement, il confla à celle-ci l'exécution du nouveau service de la vaccination à domicile, avec l'aide de l'Institut de vaccine animale de MM. Chambon et du docteur Saint-Yves Ménard.

Ainsi, l'inspecteur général de l'Assainissement eut à sa dispositon pour combattre l'extension de cette épidémie : 1° la vaccination à domicile ; 2° la désinfection.

Chaque matin, et dans la journée par téléphone en cas d'extrême urgence, il fit connaître à l'Institut de vaccine animale les maisons où il était informé de l'existence de cas de variole. Le jour même, un courrier spécial allait informer les habitants de ces maisons que le lendemain, à une heure déterminée, le service de vaccination et de revaccinations gratuites serait mis à leur disposition. A cet effet un écriteau était placé devant la loge du concierge qui donnait l'heure de cette opération. En outre, un grand nombre d'avis libellés comme suit étaient remis aux habitants et à la concierge. Les maisons voisines étaient également prévenues afin que la plus large publicité permît de multiplier le nombre des inoculations vaccinales.

L'avis portait les indications suivantes :

VILLE DE PARIS.

Au recto :

« Les habitants de la maison rue .... et ceux des maisons voisines sont prévenus que le Service municipal de vaccination et de revaccination à l'aide de vaccin de génisse, sera à leur disposition dans cette maison, le

« Ils sont invités, dans l'intérêt de leur santé et dans celui de leurs familles, afin d'éviter la propagation de la variole, à obéir aux prescriptions des médecins qui pratiqueront ces opérations. Ceux d'entre eux qui ne pourraient pas y être présents sont informés, par le tableau ci-après, des lieux, jours et heures des vaccinations gratuites.

« La variole est une maladie éminemment contagieuse. La vaccination et la revaccination « sont « les seuls moyens de prévenir et d'arrêter les épidémies de variole » (Avis du Conseil d'hygiène et de salubrité du département de la Seine). »

Au verso :

Le tableau indiquant les lieux, jours et heures des vaccinations et revaccinations gratuites à Paris, par arrondissement, ainsi que l'indication des jours et heures des séances de vaccinations et revaccinations gratuites à l'Académie de médecine, 49, rue des Saints-Pères.

Le lendemain, à l'heure indiquée, arrivait une voiture conduisant un docteur en médecine, deux aides et une génisse vaccinifère. Suivant les conditions locales, le médecin improvisait une installation dans la loge du concierge, dans une boutique et même, s'il faisait beau temps, dans une cour ou en pleine rue ; mais le plus souvent il se rendait avec des lancettes chargées de vaccin recueilli directement sur la génisse, dans les divers appartements de la maison.

En général, ce service a été fort bien accueilli par la population ; le vaccinateur arrivait, quelquefois, il est vrai, après de longues explications, à faire accepter ses services. Si les cas de variole ne sont pas connus d'avance, quelques personnes seulement acceptent la vaccination et alors il fallait revenir quelque temps après, parfois sur la demande expresse des habitants de la maison ; mais, lorsque l'épidémie a eu quelque retentissement dans le quartier et surtout quand elle avait fait quelques victimes parmi des personnes non revaccinées ou non vaccinées, le plus grand nombre des habitants tendaient leur bras au vaccinateur.

La présence de la génisse et cette sorte de mise en scène qui accompagnait son arrivée donnaient au public une confiance absolue et brisaient les résistances. Que de spectacles assez pittoresques n'avons-nous pas observés, dont se sont emparés les journaux illustrés, complices des efforts de l'Administration sanitaire ! Au bout de quelques minutes d'hésitation, il n'était pas rare de voir tous les habitants d'une maison venir peu à peu présenter leur bras. En tout cas, aucune réclamation n'a été adressée contre le service ni contre les suites des opérations vaccinales.

Il fut ainsi pratiqué 59,638 opérations vaccinales, dont 2,527 vaccinations et 57,111 revaccinations dans 1,902 maisons, du 3 septembre 1893 à fin mai 1894.

Ces nombres équivalent à une proportion d'environ 32 opérations vaccinales par maison ; mais ce n'est là qu'un chiffre très relatif, car les opérations ont considérablement varié, suivant les quartiers et suivant l'époque de l'épidémie. Il est certaines habitations dans les quartiers populeux où plus de 200 opérations ont été pratiquées ; il en est d'autres, par contre, plus particulièrement dans les hôtels meublés, où il était difficile de faire plus de quatre ou cinq revaccinations, la plupart des locataires étant absents.

Cependant les heures de ces opérations étaient, en général et autant que possible, choisies de telle sorte que les habitants fussent chez eux : le matin ou le soir. Souvent et lorsque l'épidémie sévissait dans plusieurs maisons d'une même rue, on fit des séances le dimanche matin, de façon à y réunir un grand nombre de personnes.

D'ailleurs la crainte de l'épidémie et la contagion de l'exemple développèrent de tous côtés la pratique de la vaccination et de la revaccination. Jamais on n'avait autant vacciné et revacciné à Paris. M. Hervieux le fait remarquer dans la communication académique à laquelle nous avons fait allusion plus haut : » Le total des inoculations nécessitées par l'épidémie actuelle s'élèvera, en chiffres ronds, dit-il, à 217,000 sans compter celles de l'armée. »

Le *Bulletin mensuel de la statistique de la ville de Paris* évalue à 144,381 le nombre total des opérations vaccinales effectuées en 1893 dans les hôpitaux, les bureaux de bienfaisance, à l'Académie et sous les auspices de l'inspection générale de l'Assainissement. Si l'on y ajoute les opérations vaccinales faites dans les premiers mois de 1894, celles qui furent pratiquées directement dans les écoles et par les médecins dans les familles de leurs clients ou par les instituts de vaccine, on obtient aisément le chiffre indiqué par M. Hervieux et que nous rappelons plus haut. Nous croyons même qu'il pourrait être augmenté encore.

Ainsi, rien que dans les écoles primaires publiques de la ville de Paris, il fut fait environ 25,000 revaccinations en novembre 1893 et 35,000 environ en janvier et février 1894, plus environ 15,000 dans les lycées, collèges, pensions, orphelinats et administrations publiques, par l'Institut de vaccine animale.

Au moment de la rentrée des classes, nous recommandâmes de ne pas attendre l'époque habituelle des revaccinations et de les pratiquer de suite ; mais c'était alors le moment des fêtes franco-russes et nombre de parents refusèrent, par crainte que leurs enfants, si le vaccin prenait, ne puissent prendre part aux fêtes; d'autres raisons d'ordre pédagogique intervinrent également, si bien qu'en raison du nombre relativement restreint des revaccinations opérées et après une enquête minutieuse, l'Institut de vaccine animale voulut bien, sur notre demande, faire de nouvelles séances à l'usage exclusif des enfants des écoles communales. Comme on vient de le voir, ces nouvelles séances donnèrent des résultats très appréciables.

Enfin, on ouvrit, en janvier 1894, le service vaccinal des hôpitaux aux habitants des quartiers voisins; de ce fait, on parvint encore à pratiquer près de 10,000 opérations vaccinales. Tel est l'effort considérable qui fut ainsi fait de tous côtés; nous en jugerons dans un instant les résultats.

IV

En même temps que l'Inspection générale de l'assainissement et de la salubrité de l'habitation signalait au service de la vaccination les maisons contaminées et contrôlait ce service, elle s'occupait de faire désinfecter ces maisons. Il ne saurait être inutile, en effet, de détruire les germes varioliques déposés sur les effets, linges, literie et objets de toutes sortes salis par le malade, ou charriés dans les diverses parties du local que celui-ci habite. Il convient aussi de ne pas attendre que le malade reprenne ses vêtements pour les désinfecter; car, comme il arrive souvent dans la population misérable, s'il les porte alors qu'il est en puissance de contagion, il ne se désinfectera pas, mais il pourra contagionner ceux qui l'approcheront. C'est pourquoi notre service de désinfection s'adresse à la fois aux maladies en cours et aux maladies suivies de guérison ou de décès.

S'agit-il d'un varioleux, par exemple, qui est en cours de maladie à son domicile, les désinfecteurs se présentent pour pratiquer la désinfection de toutes les parties de ce domicile autres que la chambre qu'il occupe; ils demandent, en outre, les vêtements qu'il portait et les linges salis par lui même et par ceux qui le soignent; puis ils laissent un sac dans lequel ils recommandent de déposer tous les autres linges salis au fur et à mesure de la durée de la maladie. A intervalles réguliers, plus ou moins éloignés suivant les convenances de la famille, les désinfecteurs rapportent les linges désinfectés et les échangent contre ceux qui sont contaminés et qu'ils emportent à la station de désinfection. Lorsque la maladie est enfin terminée par guérison ou par décès, alors qu'on peut sans inconvénient pour le malade entrer dans sa chambre, celle-ci est alors complètement désinfectée par les procédés en usage dans le service municipal de désinfection et tous les linges, étoffes, literie, etc. qu'elle renferme, passés à l'étuve à vapeur sous pression.

Telles sont les mesures, usitées seulement à Paris jusqu'ici, qui ont été appliquées au cours de l'épidémie de variole, comme elles le sont, sur nos indications et sous notre direction, pour toutes les maladies transmissibles. Elles ont pour but d'éviter que des objets contaminés échappent à la désinfection. Celle-ci est, en effet, surtout utile, à titre préventif, pendant toute la durée de la maladie; il peut être trop tard de la pratiquer après guérison ou décès. Il importe en particulier d'empêcher que les linges des varioleux soient mêlés au linge ordinaire de la maison et envoyés au blanchissage sans désinfection préalable; ou bien les personnes de service seront contagionnées aisément à leur tour, ou bien ce sera la blanchisseuse elle même, ce qui n'est que trop commun. Sans compter que les pratiques ordinaires du blanchissage, tel qu'on le fait à Paris, ne suffisent pas toujours à détruire les germes, ainsi que nous avons pu le constater maintes fois.

Les opérations de désinfection faites par le service municipal, à la suite des cas de variole, se sont élevées au chiffre de 6,165 pour l'année 1893 et les six premiers mois de 1894.

Dans ce nombre sont comprises, pour une unité, les désinfections faites en cours de maladie, si bien qu'on ne saurait s'étonner que le nombre total dépasse celui des 4,300 cas de variole auxquels nous avons cru pouvoir évaluer plus haut le chiffre des cas observés dans le même temps, d'après la mortalité et les admissions à l'hôpital. D'autre part, il est quelques opérations effectuées chez des voisins, par mesure de précaution et sur leur demande ou sur notre initiative, dans des maisons plus particulièrement insalubres, qui comptent aussi dans ce même chiffre total. Tel qu'il est, il nous permet de penser qu'il est bien peu de cas de variole pour lesquels le service municipal de désinfection n'a pas eu à intervenir.

On pourrait croire, à voir les chiffres des derniers mois, que l'épidémie, contrairement à ce que nous avons fait observer, est loin d'être éteinte, puisque le nombre des opérations de désinfection est sensiblement le même que celui du milieu de l'année dernière : il y faut voir seulement le témoignage de l'accueil de plus en plus favorable que fait le public au service municipal de désinfection, puisque, d'autre part, nous avons la preuve que le nombre des cas a considérablement baissé et que celui des décès est presque nul depuis plusieurs semaines.

A l'aide de ces moyens prophylactiques, l'administration sanitaire avait l'espoir d'entraver la marche de l'épidémie de variole dont elle constatait la gravité et l'envahissement progressif vers la fin du printemps de 1893. Dans les premiers mois, elle n'avait guère à sa disposition que la désinfection, et encore celle-ci était-elle difficile à faire accepter en cours de maladie.

Lorsque l'on put se servir à la fois de la vaccination et de la revaccination à domicile, ainsi que de la désinfection de plus en plus pratiquée dans des conditions méthodiques et rationnelles, la lutte commença à se dessiner et bientôt l'on put se rendre compte de ses chances de succès.

En effet, à ce moment existaient dans Paris deux principaux foyers : dans le XVIIIe arrondissement, dans les environs de la rue d'Orsel, du boulevard Barbès, de la rue Marcadet, de la rue Myrha et de la rue de la Chapelle ; le second, dans le XIIIe arrondissement, rues Harvey, du Château-des-Rentiers, de Tolbiac et de Patay. L'un et l'autre se trouvaient au centre des quartiers extrêmement peuplés et habités par une population misérable. Telle de ces rues, comme la rue du Château-des-Rentiers, n'avait pas moins de 12 maisons contaminées ; rue de Tolbiac, 9 ; rue de Patay, 15, etc. ; l'ensemble des rues s'avoisinant dans ce quartier comptait plus de 60 immeubles habités par des varioleux. La population accepta les mesures de prophylaxie avec un empressement marqué ; c'est là notamment que, dans les rues Harvey, du Château-des-Rentiers, des Chamaillards, de Tolbiac, de Patay, presque tous les habitants des maisons venaient d'eux-mêmes s'offrir, dans une boutique ou même en pleine rue. Rue du Château-des-Rentiers, dans 8 maisons, on fit 1,230 revaccinations ; dans la rue Harvey, occupée presque exclusivement par des chiffonniers, plus de 300 en une seule fois. Il n'y fallut plus revenir que de loin en loin et pour des cas isolés qui ne se propagèrent pas alentour.

Rue de T..., le 3 septembre, le concierge était atteint de variole ; il se faisait soigner chez lui ; 40 revaccinations sont pratiquées dans la maison. Une dame refuse pour elle et son enfant âgé 5 mois, disant qu'elle le conduira à la séance de vaccination de la mairie pour obtenir une prime de 2 francs. Tous deux furent atteints de variole, les seuls dans toute la maison ; l'enfant mourut.

Rue du C..., le 2 septembre, un épicier, propriétaire de la maison, donne l'exemple et fait revacciner une partie des locataires. Treize jours après, les trois seuls récalcitrants étaient atteints de variole.

Rue P..., 20 septembre, la plupart des habitants refusent de se faire revacciner, malgré que l'un de leurs voisins fût à l'hôpital atteint de variole ; quelque temps après, sept cas de variole s'y produisaient successivement et bientôt après, tous les habitants réclamaient la revaccination.

Que de faits du même genre nous pourrions citer, en les extrayant du dossier administratif dressé au cours de cette épidémie ! Ils se ressemblent tous et montrent que, partout où il fallut intervenir à plusieurs reprises, c'est parce que des refus de vaccination s'étaient produits à la première visite du service ou bien qu'on avait négligé de donner au service de la désinfection tous les objets contaminés.

Maintes fois aussi on a constaté, au cours de cette même épidémie, que la maladie se développa dans la maison d'une blanchisseuse, au voisinage d'un lavoir ou près d'un grand établissement public, tel qu'une pension, où sévissait la variole ; ce qui fait encore ressortir à la fois l'utilité de la désinfection journalière du linge et de la literie des varioleux et la nécessité de la revaccination du personnel de tels établissements.

V

Dans une agglomération aussi considérable que celle de notre capitale, les chances de propagation d'une affection si éminemment transmissible se multiplient chaque jour à l'infini ; aussi n'oserait-on pas en incriminer ou tout au moins en signaler l'une plutôt que l'autre si l'on devait ici s'exprimer avec une précision toute mathématique. C'est par l'examen de coïncidences spéciales, par l'étude de la marche de l'épidémie dans les divers groupes que l'on peut seulement s'en faire une idée. Nons n'osons même pas faire entrer en ligne de compte la recherche et l'énumération des cas constatés ; car nous ne saurions prétendre qu'ils sont tous parvenus à notre connaissance, d'autant que nous avons recueilli à cet égard des données généralement assez peu concordantes. Aussi croyons-nous plus équitable d'envisager la marche de cette épidémie d'après la répartition des décès, telle que nous l'avons retracée dans l'un des tableaux qui précèdent.

L'invasion du XIIIe arrondissement, dans la partie qui forme le quartier de la Gare, peut être considérée comme ayant été causée par l'apparition d'une bande de forains nomades installée dans des conditions incroyables d'insalubrité ; ils y eurent plusieurs malades dans leur campement sur le bord d'un boulevard longeant les fortifications ; lorsqu'on voulut y pratiquer des mesures de salubrité et les revacciner, ils déguerpirent.

Le foyer voisin qu'ils avaient formé ne disparut que lorsqu'on eut pu intervenir comme nous venons de le rappeler. En même temps, les cas multipliés dans le XVIIIe arrondissement diminuèrent peu à peu.

C'est alors que les quartiers si populeux du XIe arrondissement furent envahis ; en quelques jours, des cas se montrèrent de côté et d'autre dans cette agglomération de 213,568 habitants, principalement dans la rue Popincourt, le boulevard Voltaire et les rues voisines, avec une tendance marquée à se propager vers la rue du Faubourg-Saint-Antoine et les parties limitrophes du XIIe arrondissement (112,684 habitants).

En même temps qu'au bout de quatre à cinq semaines, les foyers de ces arrondissements s'éteignaient peu à peu, il s'en formait, comme de véritables fusées, dans les parties voisines du Xe et du IVe arrondissement.

Puis le XVIIIe et le XIXe se reprenaient dans les quartiers au voisinage des fortifications, dont les localités riveraines de la banlieue étaient contaminées.

Enfin, la lutte, se circonscrivant de plus en plus, cessait plus aisément sur tous les points. Sans doute il serait d'un grand intérêt, si nous ne craignions d'allonger outre mesure cette note, d'écrire cette histoire au jour le jour, telle que nos documents et les fiches conservées pour chaque cas observé permettraient de le faire. Il nous suffit, ce nous semble, de faire ressortir les deux faits suivants :

1° Au lieu que la maladie ait eu, comme dans les épidémies précédentes de variole, une courbe régulièrement ascendante puis régulièrement descendante semaine par semaine, l'épidémie de 1893-1894 a procédé par bonds successifs, paraissant à certains moments terminée pour reprendre la semaine suivante :

2° Jamais cette épidémie n'a persisté longtemps dans le même quartier avec une grande intensité, et lorsque la mortalité venait à se relever c'est toujours du fait de l'apparition de nouveaux cas dans un autre quartier de Paris, où elle s'éteignait promptement à son tour.

CONCLUSIONS.

Ces constatations encouragent, pensons-nous, la ville de Paris à se tenir prête à toute nouvelle éventualité pareille. Le Conseil municipal s'est prononcé dans ce sens, si bien que, même depuis que l'épidémie a cessé, dès qu'un ou plusieurs cas de variole viennent à se montrer dans des maisons voisines ou dans des quartiers rapprochés, les mesures prophylactiques que nous venons de rappeler sont immédiatement prises.

L'administration sanitaire d'une grande ville doit être outillée de telle sorte que la prophylaxie suive immédiatement l'information de toute manifestation épidémique ; on l'a compris à Paris, grâce à la libéralité de ses édiles. L'exemple que nous nous sommes permis de rapporter nous paraît bien fait pour légitimer de tels sacrifices ; que de vies humaines, de ruines et de misères ils ont permis d'épargner ! L'épidémie de 1893-1894 aura duré une année, avec une mortalité faible, tandis que toutes les épidémies antérieures qui débutèrent de la même façon durèrent un temps incomparablement plus long et eurent toujours une mortalité plus élevée.

Combien, d'autre part, ils se trouveraient diminués si, à défaut de la bonne volonté des particuliers, la vaccination et la revaccination antivarioliques pouvaient être pratiquées légalement à des époques régulières de l'existence, ainsi que tous les hygiénistes le réclament depuis si longtemps des pouvoirs publics ! S'il en était enfin ainsi dans notre pays, des éventualités telles que celle dont nous venons de rappeler les principales conséquences ne seraient plus même à redouter.

II. — LE SERVICE MUNICIPAL DE DÉSINFECTION DE LA VILLE DE PARIS EN 1894.

Depuis 1889, la ville de Paris met à la disposition de la population les *Étuves municipales de désinfection*, annexées aux refuges municipaux de nuit et à l'une des stations des Ambulances municipales.

Actuellement il existe à Paris quatre stations de désinfection : rue des Récollets, 6, avec trois étuves ; rue du Château-des-Rentiers, 71, avec deux étuves ; rue Chaligny, 21, avec une étuve ; et rue Stendhal, avec une étuve. Ces établissements renferment un matériel complet qui permet de désinfecter à domicile et à l'étuve ; le service qui en est chargé comprend des agents spéciaux, qui sont placés sous l'autorité de M. le directeur des Affaires municipales et sous la surveillance et la direction technique de M. l'inspecteur général de l'Assainissement et de la Salubrité de l'habitation. Une commission de perfectionnement du service de la désinfection a été récemment instituée.

I. — STATIONS DE DÉSINFECTION.

La station municipale de désinfection de la rue des Récollets, qui forme l'établissement le plus important et comme le poste central, a subi depuis sa construction quelques modifications de

9

détail, afin d'y établir une troisième étuve. Telle qu'elle fonctionne aujourd'hui, elle se compose de divers locaux.

Deux parties bien distinctes composent cet établissement : elles sont séparées par un mur plein et, dans les salles de désinfection, par une cloison métallique au niveau des étuves. A gauche, le quartier d'arrivée des objets à désinfecter ; à droite, le quartier des objets désinfectés ; puis, à cheval sur l'axe, le logement du surveillant général. En dehors de ce logement, aucune communication directe ne peut se faire entre les deux parties de l'établissement que par un couloir comprenant des vestiaires et un lavabo avec bains-douches. Les portes de ce couloir présentent cette particularité que l'une des portes du milieu, c'est-à-dire l'une des portes de la salle affectée au lavabo et aux bains-douches, ne peut s'ouvrir qu'autant que l'autre a été préalablement fermée au moyen d'un mécanisme spécial.

La construction de cette station a été commencée le 5 septembre 1890 et l'inauguration en a eu lieu le 21 juillet 1890. Elle occupe une superficie totale de 960 mètres et la surface couverte par les bâtiments est de près de 600 mètres. Les fondations ont été faites en maçonnerie de meulière. Le système général de structure consiste en pans de fer avec remplissages de briques apparentes pour l'établissement proprement dit. Le pavillon du surveillant général est en maçonnerie de moëllons ; la couverture, en tuiles à emboîtement. La ventilation est très simplement obtenue à l'aide de trémies percées dans la toiture, surmontées de lanternes et pourvues de rampes à gaz produisant appel d'air et brûlant les poussières au passage. Les murs sont peints à l'huile ; le sol est cimenté dans les bâtiments, asphalté dans les cours.

La dépense de construction et d'installation peut être évaluée, dans l'état actuel de l'établissement, à 115,000 francs environ.

Le côté infecté comprend : 1º la salle de chargement des étuves ; cette salle est munie de tables, pour recevoir les paquets d'objets contaminés et les déplier ; un bac de rinçage pour les objets salis de pus ou de sang ; 2º le hall de déchargement des voitures ; 3º des lavabos et vestiaires ; 4º le dépôt des pulvérisateurs ; 5º une remise ; des écuries ; 6º un réfectoire avec vestiaire ; 7º un water-closet et 9º le sas de communication avec le Refuge municipal de nuit.

Le côté désinfecté comprend : 1º la salle des étuves avec la chaudière et des claies de séchage ; 2º une remise ; 3º les écuries ; 4º un réfectoire ; 5º un séchoir ; 6º le bureau avec cabine téléphonique et 7º le dépôt des désinfectants.

Le matériel en service pour la désinfection se compose essentiellement : 1º d'*étuves à vapeur sous pression* ; 2º de *pulvérisateurs* pour la projection de liquides antiseptiques ; 3º de *brocs* en bois pour la préparation et la manipulation de solutions antiseptiques ; 4º de *toiles*, sacs et bâches d'enveloppe ; 5º de divers accessoires, boîtes à désinfectants, éponges, outils, etc.

II. — PERSONNEL.

Le personnel du service des étuves municipales comprend actuellement (août 1894) : 1 surveillant général, 4 chefs de station, 4 mécaniciens chauffeurs, 64 désinfecteurs, soit 73 *personnes en service permanent*, plus un nombre variable de cochers et d'hommes de corvée, en moyenne 15 à 20 cochers et 25 à 30 hommes de corvée ; au total, 120 *personnes* en moyenne.

Les agents de ce service ont deux costumes spéciaux : 1º l'un, dit d'uniforme, comprend une veste, un pantalon, un gilet en drap avec boutons d'argent et broderie rouge, ou bien une veste et un pantalon de coutil, et une casquette galonnée avec un écusson aux armes de la ville de Paris ; 2º l'autre, dit de travail, composé d'un bourgeron de toile, d'un pantalon ou cotte également en toile et à coulisse (le tout doit être serré à la taille, aux manches et au collet), et un calot couvre-nuque et couvre-front. Ils ont, lorsqu'ils sont en service, des chaussures spéciales qu'ils laissent chaque soir dans la station.

Dès qu'ils arrivent à la station le matin pour prendre leur service, ils laissent tous leurs vêtements dans une armoire spéciale, puis ils vont revêtir leurs vêtements de travail ou de sortie. Ils doivent porter les ongles courts, la barbe coupée, les cheveux ras. Ils sont munis d'une carte d'identité. Avant leurs repas, qu'ils doivent prendre dans le réfectoire de la station, ils se lavent soigneusement les mains et la figure avec une solution de sublimé. Tous les soirs, avant de reprendre leurs propres vêtements, pour rentrer chez eux, ils prennent une douche et se lavent avec des solutions antiseptiques.

III. — Pratique de la désinfection.

Le service municipal de désinfectation de la ville de Paris a pour mission de désinfecter :

1° Les objets directement apportés aux stations publiques de désinfection par des particuliers. Dans ce cas l'établissement de désinfection ne peut recevoir que des matelas, linges, effets et vêtements à usage, tentures, tapis de petites dimensions, cuirs, fourrures, caoutchouc, étoffes et tissus de toutes sortes. Quant aux objets mobiliers proprement dits, ils ne peuvent être désinfectés qu'à domicile ;

2° Les objets qui ont été pris à domicile sur la demande des particuliers ou des services administratifs (mairies, commissaires de police, etc.).

Les objets apportés pour être désinfectés à l'établissement n'y sont reçus que du côté des objets à désinfecter. L'employé placé dans cette partie de l'établissement fait deux parts de ces objets :

1° Ceux qui doivent subir la désinfection à l'étuve et qu'il dispose dans des enveloppes affectées à cet usage, c'est-à-dire les objets de literie, vêtements, effets à usage personnel, linge, et en général tous les tissus et étoffes ;

2° Ceux qui doivent subir le lavage ou la pulvérisation à l'aide de solutions antiseptiques, à savoir : les cuirs, chaussures, courroies, caoutchoucs, bretelles, casquettes, chapeaux, cartons, malles, etc., les fourrures, les objets en bois collés.

Un carnet à souche indique, sur la souche et la feuille qui en est détachée, pour être remise au dépositaire des objets : le nom et l'adresse de celui-ci, la désignation des objets, le jour du dépôt et de la remise. La délivrance des objets est faite dans le plus bref délai possible, sur remise de la feuille en question. Elle ne doit jamais être effectuée que dans la partie affectée au dépôt des objets désinfectés.

Les voitures qui ont servi au transport desdits objets ne peuvent sortir de la station qu'après avoir été nettoyées par les désinfecteurs au moyen de pulvérisateurs ou lavages en usage dans la station.

Pour aller prendre des objets à domicile et y pratiquer la désinfection, on suit les règles ci-après :

Au départ de la station, chaque voiture est accompagnée d'un cocher et de deux désinfecteurs ; elle contient : un nombre suffisant de toiles-enveloppes et de sacs pour pouvoir envelopper tous les objets de literie, les vêtements, tapis, etc., qui doivent être rapportés à l'étuve ; un ou plusieurs pulvérisateurs ; des flacons renfermant, pour une charge de pulvérisateur, soit 12 litres, une solution de sublimé au millième additionné de sel marin à 2 p. 1000 ; des brocs d'une capacité de 15 litres d'eau et des paquets de 750 grammes de sulfate de cuivre pulvérisé ; un bidon de crésyl ; des chiffons ou des éponges destinés à l'essuyage ; des sacs en toile renfermant les costumes de travail.

Les sacs en usage dans le service municipal de désinfection de la ville de Paris ont une forme spéciale, qui permet d'y placer les objets à emporter en les froissant aussi peu que possible. Pour les objets les plus susceptibles on se sert de longs paniers en osier.

La voiture doit se rendre directement et sans retard au domicile indiqué par le chef de station.

Dès leur arrivée à ce domicile, les désinfecteurs se présentent aux personnes intéressées. Ils enlèvent leur uniforme laissé sur le devant de la voiture à la garde du cocher et revêtent ensuite leur costume de travail. Après avoir lavé au pulvérisateur la place destinée à recevoir leur matériel, ils déposent les toiles, enveloppes, sacs, bâches ou paniers, puis ils y placent, en les pliant soigneusement, tous les objets destinés à être portés à l'étuve (matelas, couvertures, literie, vêtements, tissus et étoffes). Les paquets doivent être hermétiquement clos.

Puis, après avoir versé le contenu de l'un des flacons dans le pulvérisateur et avoir rempli d'eau celui-ci, ils projettent le jet du liquide désinfectant pulvérisé sur les murs, les plafonds, les boiseries, le parquet ou carrelage, les grands tapis conservés à domicile, les meubles et notamment les lits, l'intérieur de la table de nuit et tous autres objets laissés dans les pièces. Aucune partie des pièces à désinfecter ni aucun des objets qu'elles renferment ne doivent être négligés. Les glaces et leurs cadres, les tableaux et objets d'art sont frottés avec des chiffons légèrement imbibés de la solution désinfectante ou lavés au pulvérisateur. S'il est nécessaire, les grands tapis et étoffes laissés à domicile en raison de leurs grandes dimensions sont décloués et reçoivent sur leurs deux faces un jet prolongé de liquide désinfectant pulvérisé ; le parquet ou les murs qu'ils recouvraient sont également désinfectés.

La pulvérisation doit être méthodique ; sur les murs, on doit promener le jet toujours dans le même sens de haut en bas, en désinfectant tranche par tranche et de très près. Au bout d'un certain temps de pratique, elle peut être faite aisément sans faire éprouver aucune détoriation aux objets qui la subissent, tout en les mouillant fortement; les désinfecteurs sont préalablement exercés à acquérir le tour de main nécessaire.

Dans les appartements les pulvérisations sont pratiquées en général *deux fois*, à quelques minutes d'intervalle.

Les vases et ustensiles ayant servi au malade, ainsi que les water-closets, les cabinets d'aisances et les tables de toilette sont lavés avec soin à l'aide des solutions de sulfate de cuivre à 50 °/₀.

Pour de très grandes surfaces, notamment pour celles qui sont carrelées, cimentées ou asphaltées, on se sert souvent de solutions de crésyl à 5 °/₀, notamment pour des préaux d'écoles, de vastes corridors ou galeries.

Lorsque ces diverses opérations sont terminées, que toutes les parties de l'habitation où sont passés les désinfecteurs ont été ainsi nettoyées et, au besoin, balayées, les désinfecteurs se placent l'un après l'autre devant le pulvérisateur, de façon à avoir leur blouse, leur pantalon, leurs chaussures dessus et dessous, ainsi que leur figure et leurs mains, lavés avec la solution de sublimé; puis ils descendent les sacs renfermant les objets destinés à l'étuve, les chargent avec leur matériel dans la voiture, et ils enlèvent leur costume de travail et le mettent dans le sac spécial. Après avoir revêtu de nouveau leur costume d'uniforme, ils remettent la liste, détachée d'un livre à souche, des objets qu'ils emportent.

Au retour à la station, les mêmes agents sonnent à la porte d'entrée qui leur est ouverte par un employé du bureau; puis ils procèdent au déchargement de la voiture dans le hall affecté à cet usage du côté des objets infectés, après avoir eu soin de clore toutes les portes. Le déchargement terminé, la voiture est désinfectée intérieurement et extérieurement avec la solution de sublimé et le pulvérisateur rempli à nouveau. Les agents se rendent ensuite au lavabo et se lavent les mains, la figure et la barbe.

Les pulvérisateurs sont vidés complètement chaque soir et lavés à grande eau dans toutes leurs parties.

IV. — Étuvage.

Les sacs et enveloppes ne sont ouverts qu'au moment de l'introduction dans l'étuve à vapeur sous pression. Les objets souillés et tachés de sang, de pus ou de matières fécales, sont brossés et rincés.

L'étuve ayant été préalablement chauffée, le chariot est amené sur les rails de chargement ; ses parties métalliques sont garnies d'un bâche en toile et chaque couche d'objets, étendue sur une claie, est également enveloppée d'une bâche en toile. Les objets ne doivent pas y être pliés ni serrés, mais étendus avec soin ; ceux qui sont en laine ou en plume et peuvent se gonfler sous l'influence de la vapeur, sont toujours placés en-dessus.

La désinfection à l'étuve se décompose comme suit : cinq minutes d'introduction de vapeur à la pression de 7/10es d'atmosphère au maximum ; une détente d'une minute ; cinq minutes d'introduction de vapeur à la pression de 7/10er d'atmosphère au maximum ; une détente d'une minute ; cinq minutes d'introduction de vapeur à la pression de 7/10es d'atmosphère au maximum. Puis l'étuve est entr'ouverte, du côté désinfecté pendant cinq minutes, le chariot retiré sur les rails et débarrassé des objets qu'il contenait. Ceux-ci sont immédiatement étirés et secoués à l'air pendant quatre ou cinq minutes ; ils sont enfin étendus sur des claies. Dans ces conditions, ils sont presque immédiatement secs au moins à la surface et n'éprouvent aucune détérioration, d'ailleurs les agents en sont responsables. On ne doit jamais les empiler, plus ou moins pliés ou froissés, sur les claies où ils doivent sécher.

Dans l'un des appareils en service, le séchage complet se fait dans l'étuve même, en quinze à vingt minutes, à l'aide d'un tirage actionné par un dispositif de ventilation et un puissant appel d'air.

Le contrôle des opérations d'introduction de vapeur et des détentes et leur durée est fait au moyen d'un manomètre enregistreur dont les feuilles sont envoyées chaque jour au secrétariat de l'Inspection générale de l'assainissement et de la salubrité de l'habitation.

Les diverses opérations de l'étuvage doivent se faire sans que les objets qui y passent une fois subissent de détérioration ; ils doivent être rendus dans l'état qu'ils avaient lorsqu'ils ont été confiés au service de la désinfection. Cette règle est absolue, à moins d'objets de très mauvaise qualité ou très mal teints. Pour les objets qui doivent successivement passer un grand nombre de fois à l'étuve dans un assez court espace de temps, il faut distinguer entre des objets fabriqués avec des tissus d'essence végétale que le passage à l'étuve ne doit jamais abîmer, quand l'opération est faite avec soin, et les objets en tissus d'essence animale qui supportent moins facilement la désinfection, quel qu'en soit le procédé. Après dix étuvages, ceux-ci commencent à subir une dépréciation sensible ; aussi convient-il d'abandonner l'usage de tels objets dans les établissements, tels que certains services hospitaliers, où l'on peut être appelé à leur faire subir des désinfections multipliées.

Les objets désinfectés sont rendus à leur propriétaire, le jour même s'il est nécessaire ou plutôt le lendemain, par des voitures spéciales, dans des enveloppes ou sacs exclusivement affectés à cet usage et par le personnel du service de la livraison, contre délivrance du reçu qui avait été laissé au domicile.

V. — Désinfection en cours de maladie.

Le service municipal de désinfection est appelé, soit après décès ou guérison d'une personne atteinte d'une maladie transmissible, soit en cours de maladie.

Dans ce cas, les agents ne pénètrent que si on le leur demande ou qu'on les y autorise en cas de nécessité absolue, dans la chambre occupée par le malade ; ils désinfectent les pièces qu'il a habitées et, en cas de maladie intestinale, les cabinets d'aisances et water-closets ; mais surtout ils emportent les linges et effets souillés et ils laissent un sac destiné à recevoir ceux qui seront salis en cours de maladie. Ils échangent ce sac contre un autre pendant toute la maladie, à des intervalles plus ou moins longs, suivant le désir des familles.

La maladie une fois terminée par la guérison ou le décès et le malade pouvant quitter la chambre, il est procédé à la désinfection de celle-ci et de son contenu comme ci-dessus. Cette manière de procéder a pour but d'éviter la remise au blanchissage des objets salis sans désinfection préalable ; elle se développe de plus en plus à Paris.

Les agents chargés d'aller à domicile chercher les sacs de désinfection pendant le cours des maladies pour lesquelles ils ont été demandés, doivent emporter dans la voiture deux brocs fermés avec un bouchon en bois et une balayette. Ils remplissent d'eau les deux brocs et versent dans chacun d'eux la moitié d'un flacon de sublimé de 12 grammes. Avant de sortir de l'appartement, ils se lavent les mains et le visage avec la solution contenue dans l'un de ces brocs. Avec la balayette imprégnée de la solution contenue dans l'autre broc, ils lavent leurs chaussures dessus, dessous et sur les côtés.

VI. — Prescriptions générales.

Les agents chargés de la désinfection à domicile sont tenus de prendre leurs repas à la station ; à cet effet, une cuisine et un réfectoire sont mis à leur disposition avec tous les ustensiles de ménage nécessaires. De même, les agents en service du côté désinfecté mangent dans un réfectoire et une cuisine placés de ce côté de la station.

Lorsqu'ils sont en service, ils ne doivent s'arrêter devant aucune autre maison que celle où ils sont appelés, tant pour y consommer sur place que pour y prendre des vivres, solides ou liquides.

Les agents préposés au maniement des objets infectés ne doivent, sans aucun prétexte, se mettre en rapport avec le chauffeur des étuves et ses aides pendant les diverses opérations de leur service.

Aucune sortie n'est autorisée dans le courant de la journée, à moins de cas de force majeure.

Il est expressément interdit aux agents de recevoir aucune personne dans l'intérieur de l'établissement.

Ils ne peuvent demander aucune rétribution sous peine de révocation.

VII. — Statistique de la désinfection.

Le nombre des opérations de désinfection demandées au service municipal de désinfection se développe suivant une progression croissante :

En 1889 (sept mois)	78	opérations.
En 1890	652	—
En 1891	4,139	—
En 1892	18,464	—
En 1893 (1)	34,659	—

(1) En 1894, le nombre des opérations s'est élevé à 37,915 ; et, en 1895, à 38,646.

Dans les six premiers mois de 1894, les opérations de désinfection dépassent de 6,000, soit 22,299 contre 16,106, le chiffre des opérations faites pendant la même période de l'année précédente.

Les chiffres qui précèdent comprennent, pour une unité, aussi bien l'opération faite à la fois à domicile et à l'étuve pour un même malade, que l'operation uniquement faite à domicile ou uniquement faite à l'étuve, quel que soit le nombre des objets pour chacune des opérations; de même, la désinfection d'un établissement tout entier, tel qu'une école, un poste, un lycée, etc., y compte pour une unité. N'y sont pas comprises les désinfections faites chaque jour pour les asiles de nuit municipaux, dans lesquels les effets de tous les entrants sans exception sont passés à l'étuve le soir de leur arrivée.

Lorsque plusieurs cas d'une même maladie se renouvellent dans un immeuble dans un espace de temps assez court ou s'il s'agit d'une maison très insalubre, il est alors procédé, par les soins du service des Étuves municipales, au nettoyage antiseptique de l'immeuble tout entier, en dehors des mesures spécialement prises pour le logement contaminé et pour les objets salis par les malades, sans préjudice des mesures d'assainissement aussitôt prescrites et qui sont exécutées par les divers services techniques (eaux, égouts, vidanges, logements insalubres, voie publique, etc.).

En 1893, les 34,859 opérations de désinfection pratiquées se décomposent comme il suit au point de vue de leurs causes :

Pour des cas de fièvre typhoïde	3.078
— variole	3.399
— rougeole	2.996
— scarlatine	2.694
— coqueluche	575
— diphtérie	4.354
— diarrhées	311
— tuberculose	8.128
— fièvre puerpérale	302
— érysipèle	1.188
— divers et mesures d'assainissement	7.634

Les demandes adressées au service des Étuves municipales proviennent de diverses sources :

Les mairies lui font connaître les décès par maladies transmissibles ou transmettent les demandes qui leur sont faites; les commissariats de police et la préfecture de Police également; diverses administrations concourrent aussi à fournir des informations, tels que le service de la Statistique municipale, les Ambulances, les services municipaux, les hôpitaux qui préviennent du domicile de tout entrant contagieux, les directeurs et directrices d'écoles pour leurs élèves, enfin les médecins et les particuliers. Ce sont surtout ces derniers dont les demandes directes augmentent chaque mois, témoignant ainsi de l'accueil, de plus en plus favorable, fait au service par la population parisienne.

Enfin, depuis quelques mois, la déclaration médicale obligatoire (1) fournit un certain contingent de signalements, suivis de l'envoi des agents désinfecteurs au domicile.

---

(1) Les maladies pour lesquelles cette déclaration est exigée aux termes de la loi du 30 novembre 1890 sont : la fièvre typhoïde, le typhus exanthématique, la variole et la varioloïde, la scarlatine, la diphthérie (croup et angine couenneuse), la suette miliaire, le choléra et les maladies cholériformes, la peste et la fièvre jaune, la dysenterie, les infections puerpérales lorsque le secret au sujet de la grossesse n'aura pas été réclamé, l'ophtalmie des nouveau-nés.

Pour 1893, les désinfections faites se décomposent de la manière suivante au point de vue de l'origine de la demande ou du signalement :

Désinfections demandées par les mairies 11.465
    —   —   par les médecins........................ 3.740
    —   —   par les particuliers...................... 7.304
    —   —   par les hôpitaux 4.166
    —   —   par les ambulances et services municipaux. 3.366
    —   —   par la police............................ 2.168
    —   —   par l'enseignement...................... 2.450

Les demandes sont reçues verbalement, par écrit, par télégramme ou par le téléphone. Des cartes spéciales, circulant sous franchise postale, sont mises à la disposition des médecins, par carnets de vingt-quatre cartes renfermées dans un étui.

Le relevé de toutes les opérations de désinfection est immédiatement centralisé au secrétariat de l'inspecteur général de l'Assainissement et de la Salubrité de l'habitation. Celui-ci est ainsi tenu continuellement au courant de l'état sanitaire de Paris; il peut suivre aisément les mouvements de la santé publique et assurer aussi rapidement que possible l'application de toutes les mesures de prophylaxie dont il peut disposer.

Le budget accordé à ce service est, pour 1894, de 309,000 francs (désinfection des écoles comprise). Les opérations de désinfection ont été jusqu'ici gratuites. Elles vont donner lieu prochainement à une taxe spéciale (1) à partir d'un certain taux de loyer, taxe qui a été adoptée le 22 juin 1894 par le Conseil municipal, afin de diminuer dans une juste mesure les sacrifices qu'il consent si libéralement et si généreusement en faveur de la santé publique.

(Août 1894).

---

(1) Cette taxe est fixée comme il suit : 5 francs pour un loyer de 800 à 999 francs de valeur mobilière ; 10 francs pour un loyer de 1,000 à 1,999 francs ; 15 francs pour un loyer de 2,000 à 2,999 francs ; 20 francs pour un loyer de 3,000 à 3,999 francs ; 30 francs pour un loyer de 4,000 à 4,999 francs ; 40 francs pour un loyer de 5,000 à 5,999 francs ; 50 francs pour un loyer de 6,000 à 6,999 francs ; 60 francs pour un loyer de 7,000 à 7,999 francs ; 80 francs pour un loyer de 8,000 à 8,999 francs ; 100 francs pour un loyer de 10,000 à 14,999 francs ; 150 francs pour un loyer de 15,000 à 19,999 francs et 200 francs pour un loyer de 20,000 francs et au-dessus.

ANNEXE N° **2.**

Résolutions adoptées à la séance de clôture du 9 septembre 1894.

I. — RÉSOLUTIONS ADOPTÉES.

a) **HYGIÈNE.**

Iʳᵉ, IIᵉ ᴇᴛ Vᵉ Sᴇᴄᴛɪᴏɴs.

Propositions du Comité international de la diphtérie.

Au Congrès international d'hygiène à Londres, on s'est demandé s'il ne conviendrait pas d'invi·
ter les divers gouvernements à faire poursuivre des études sur l'étiologie de la diphtérie. Le Sous-
comité, après avoir examiné ce vœu, a l'honneur de vous proposer le vote de la résolution suivante :

Les délégués présents au Congrès de Budapest prennent l'engagement d'insister auprès de leurs
gouvernements, pour que ces derniers veuillent bien faire poursuivre, patronner ou encourager
toutes sortes d'études sur l'étiologie de la diphtérie, faire recueillir et imprimer tous les documents
et les soumettre au prochain Congrès international d'hygiène.

Ils prennent encore l'engagement d'attirer immédiatement l'attention des gouvernements sur
les propositions suivantes présentées par le Comité français dans le but de combattre la diphtérie :

I. — *Mesures qui peuvent faire l'objet d'une réglementation administrative.*

1° La diphtérie est une maladie contagieuse ; sa déclaration doit être obligatoire.

2° Les malades qui en sont atteints doivent être isolés.

3° Le service sanitaire fera désinfecter les locaux où ont séjourné les diphtériques et surtout les
linges, vêtements, objets de literie, sans omettre les jouets et tous les ustensiles qui auront servi
aux malades.

Pendant le cours de la maladie, il fera désinfecter tous les linges souillés avant qu'ils soient
remis au blanchissage.

10

4° Les voitures utilisées pour le transport des diphtériques seront soumises à la désinfection après chaque transport.

5° Les enfants qui ont eu la diphtérie seront tenus éloignés de l'école, après leur guérison, jusqu'à ce que le médecin ait autorisé leur rentrée.

6° Lorsqu'un cas de diphtérie se produit dans une école, les enfants qui la fréquentent doivent être, pendant quelque temps, soumis à la surveillance du médecin. Seront éloignés de l'école tous ceux qui paraîtront atteints d'angine. Cette surveillance sera surtout rigoureuse pour les frères et sœurs du malade.

II. — *Vœux.*

1° Pour être traitée avec succès, la diphtérie doit être reconnue dès son début. Ce début est souvent insidieux ; il échapperait moins souvent si la gorge des enfants était fréquemment examinée. Il appartient aux mères de famille de pratiquer journellement cet examen et d'habituer, dès le bas âge, les enfants à s'y soumettre.

Cette notion d'hygiène pourrait être répandue par des notices, par la voie de la presse, et surtout par l'intermédiaire des instituteurs et des institutrices.

2° Le diagnostic précoce et certain de la diphtérie ne peut être établi que par l'emploi des méthodes bactériologiques ; on doit insister auprès des médecins pour qu'ils aient toujours recours à ces procédés.

3° Le serum antidiphtérique peut être recommandé comme moyen prophylactique et thérapeutique.

Ire, IIe ET IIIe SECTIONS.

Docteur Kuborn.

Proposition appuyée par MM. Chantemesse, A.-J. Martin, Ruysch, Berger.
Le Congrès appelle énergiquement l'attention des gouvernements sur l'importance et la nécessité d'appliquer, dans le plus bref délai, les résolutions adoptées à la conférence sanitaire de Dresde par les diverses puissances européennes à l'égard de la prophylaxie du choléra, notamment en ce qui concerne l'information officielle et immédiate de tous les cas cholériques.

IIe SECTION.

Docteur A.-J. Martin.

Proposition appuyée par MM. Koranyi, Pagliani, Vallin, Smith.

Il y a lieu, pour les gouvernements et les municipalités, de réglementer la pratique de la désinfection publique.

Cette réglementation devra comprendre :

1° Le choix du procédé de désinfection ;

2° Les moyens d'application de ce procédé ;

3° L'instruction du personnel chargé de l'appliquer.

Les appareils de désinfection doivent être soumis, à l'exemple des appareils à vapeur, à un contrôle de l'État qui assure leur efficacité et la certitude par l'apposition, avant mise en service, d'un timbre spécial.

Notamment les étuves à désinfection doivent être telles que :

1° La température ne varie pas, ou varie d'un degré centigrade au plus, dans toutes les parties de l'appareil, ainsi que dans les objets qu'on y place.

2° Après la désinfection, la traction au dynanomètre des objets désinfectés ne doit pas témoigner d'une différence sensible dans le degré de résistance.

3° Les couleurs des étoffes ne doivent pas être altérées.

4° Les étuves doivent être munies d'appareils enregistreurs dont les feuilles puissent être contrôlées à toute réquisition de l'autorité compétente.

IVe SECTION

Docteur Lehmann et docteur Kétli.

La question des habitations ouvrières en casernes ou de la construction suivant le système de cottages est tellement importante qu'elle ne saurait être résolue qu'après des travaux préliminaires suffisants. Aussi la question doit-elle être proposée, comme rapport de section, au prochain Congrès.

IVe SECTION.

Docteur Béla Axmann.

Considérant que 61 % des blessures survenant dans les fabriques sont provoquées par l'abus des boissons alcooliques, la section propose d'attirer sur ce sujet l'attention des gouvernements : que l'on abaisse autant que possible les prix des boissons alcooliques moins nuisibles (la bière par exemple) et que l'on augmente ceux des eaux-de-vie.

IVe SECTION.

Docteur Havas.

Veuille le VIIIe Congrès international d'hygiène et de démographie proposer aux divers États les propositions ci-après :

1° Règlementation uniforme de la prostitution.

2° Enseigner et expliquer aux ouvriers ce que c'est que la syphilis et les maladies vénériennes, par des brochures populaires et à bon marché.

3° Dans les dispositions relatives aux caisses de malades, la syphilis et les maladies vénériennes doivent être assimilées aux autres espèces de maladies.

4° Le traitement gratuit de ces maladies dans les hôpitaux et l'admission illimitée des personnes ayant besoin des soins hospitaliers.

5° Dans ce but, en vue de se procurer le capital nécessaire pour l'établissement de nouveaux hôpitaux, l'État doit éventuellement pouvoir augmenter de 1/4 — 1/2 °/₀ les impôts pour l'assistance des malades, dans la proportion des impôts d'État.

IVᵉ SECTION.

Fehérvari.

En vue de la diminution de la fréquence des accidents, on doit :

1° Augmenter selon les besoins les mesures de défense et les modifier selon les nouvelles expériences.

2° Poursuivre le contrôle légal et strictement appliqué.

Et, en plus de ce qui précède :

3° S'efforcer surtout à faire bien instruire les ouvriers industriels de la façon d'éviter les accidents, afin d'arriver à la diminution du nombre si tristement considérable d'accidents causés par l'inattention, la maladresse et l'étourderie.

IVᵉ SECTION.

Kraft.

Les gouvernements sont priés de porter une plus grande attention aux conditions hygiéniques des ouvriers de la petite industrie.

Vᵉ SECTION.

Considérant que la comparaison internationale de la mortalité infantile est fort difficile et souvent même impossible par suite des différentes manières de rédiger les données statistiques, la section considère comme particulièrement désirable que, tout au moins, les données principales de la mortalité infantile soient publiées dans les différents États suivant un plan uniforme.

En vue de l'examen et de la réalisation éventuelle de cette proposition, nous proposons de la renvoyer à la Commission permanente internationale du Congrès, afin de la soumettre à une commission composée de six médecins d'enfants et de six démographes qui auraient à soumettre au prochain Congrès un rapport y relatif. La section propose pour cette Commission les suivants médecins d'enfants :

MM. H.-A. Albutt, M. R. C. P.	Leeds.
Professeur docteur Alois Epstein,	Prague.
Docteur Jules Eross	Budapest.
Docteur Ledé,	Paris.
Docteur A. Montefusco,	Naples.
Docteur L. Pfeiffer,	Weimar.

VIe Section.

Professeur Hueppe.

1° Que pour encourager la recherche scientifique et l'enseignement de l'hygiène :

a) Il soit créé dans toutes les hautes écoles des chaires d'hygiène permanentes et suffisamment dotées.

b) Il soit pourvu à l'établissement d'instituts et de laboratoires d'hygiène convenables et suffisamment dotés.

c) Et que l'hygiène soit introduite dans les examens médicaux comme matière obligatoire.

II. En vue de répandre les connaissances hygiéniques à tous les degrés de l'instruction publique, il est nécessaire de procéder à la création de médecins scolaires et de leur confier, dans les écoles normales, l'enseignement de l'hygiène.

VIIIe, IXe ET Xe Sections.

Professeur W. Corfield.

1° Il importe d'améliorer la santé publique en général par l'enlèvement fréquent des immondices et par la distribution abondante d'eau potable, ce qui atténuera la propagation des maladies dans les villes et les logements.

2° Afin de faciliter le nettoyage des rues et d'atténuer la malpropreté du sous-sol, il importe que le pavé des rues soit uni et imperméable au possible.

3° Il faut établir des caves imperméables et des couches isolantes dans les murs, afin d'empêcher l'accès de l'air souterrain et de l'humidité dans les logements.

4° Les tuyaux de drainage des maisons devront être épais et munis de trappes de débrayage, afin d'entraver l'accès de l'air vicié des canaux ; ils doivent être irréprochablement aérés.

5° Les canaux doivent être aérés de manière à ce que les gaz des canaux ne puissent pénétrer dans les logements et rues ; ils doivent être rincés à fond pour que la vase ne puisse s'y amasser.

6° La distance minimale entre les deux rangées de maisons d'une rue doit être de 12 mètres ; la hauteur des maisons ne doit pas être supérieure à la largeur de la rue ; les *back-to-back houses* sont inadmissibles.

7° Les points ci-dessus devraient être réglés par des lois afin qu'on puisse, le cas échéant, imposer leur réalisation pratique.

En ce qui concerne les propositions du professeur Corfield, la section décide de recourir au plein congrès en vue de la nomination d'une commission spéciale, qui aurait à examiner les propositions faites par le professeur Corfield, par rapport aux règles de construction des villes, et à soumettre les résolutions y relatives s'il y a lieu.

XIVe Section.

Crocq, Witlaçil et Eulenburg.

L'Administration officielle doit être priée de combattre les excès alcooliques par tous les moyens se trouvant à sa disposition et d'après les conditions locales spéciales. Les moyens en question sont les suivants : associations de tempérance et d'abstinence, limitation de la vente de l'eau-de-vie, surveillance de la fabrication et monopolisation de l'alcool de la part de l'État, élévation de l'impôt sur l'alcool et l'eau-de-vie, diminution de l'impôt sur la bière et le vin, création d'asiles pour alcooliques, mise en curatelle des buveurs d'habitude.

XIVe Section.

Docteur Th. Weyl.

Parmi toutes les méthodes de destruction des immondices, c'est l'incinération qui se recommande le plus pour les grandes villes.

XIVe Section.

Docteur Ruysch.

Il est désirable que, dans chaque pays, soit instituée une prison-asile pour les aliénés criminels, et que la science aliéniste s'occupe de la question de l'anarchisme.

XIVe Section.

Le 8e Congrès international d'hygiène et de démographie exprime le désir que le sort des personnes atteintes de maladies mentales soit amélioré. Dans les pays dont les habitants s'occupent spécialement d'agriculture, des motifs d'ordre financier indiquent la création d'asiles-colonies.

b) DÉMOGRAPHIE.

IIe Section.

Ferraris.

Le soussigné propose que dans le prochain Congrès d'hygiène et de démographie soit mise à l'ordre du jour la question suivante : De l'influence des mesures hygiéniques sur l'augmentation et la qualité de la population et des conséquences qui peuvent en dériver pour la théorie de la population.

IIIe Section.

Docteur Zoltan Rath.

Le Comité permanent est prié de vouloir bien mettre à l'ordre du jour du prochain Congrès la question suivante :

Quelles sont les mesures à employer pour évaluer avec la plus grande précision possible l'âge des recensés ?

IVe Section.

Max Wirth.

Le Congrès exprime le désir que les bureaux de statistique des différents pays veuillent bien s'entendre, en vue du prochain recensement, sur un formulaire commun et sur une élaboration concordante de la statistique des professions, en ce sens que les données relatives aux personnes travaillant indépendamment ou sous les ordres d'autrui soient consignées à part dans l'esprit d'une démographie rationnelle. Parmi les personnes travaillant indépendamment, on doit distinguer celles qui ne sont occupées que dans les ménages ou qui se trouvent à l'école ou aux soins des parents, de celles qui gagnent leur vie dans l'occupation du chef de famille ou qui exercent une profession indépendante. Parmi ces derniers, mention spéciale doit être faite des parents qui, pendant leur jeunesse, prennent part comme aides à l'occupation du chef de famille, mais qui sont destinés à y participer avec le temps en qualité d'associés. En outre, il faut distinguer les ouvriers dénués de ressources de ceux qui sont à leur aise; c'est-à-dire qui tout en travaillant pour le compte d'un entrepreneur se servent cependant d'ateliers ou de machines qui leur appartiennent. Ainsi, des tailleurs ou des cordonniers peuvent, avec des machines à coudre leur appartenant, travailler pour l'exportation, des femmes et des enfants sortis de l'école peuvent y prendre part, mais seulement ces derniers doivent être comptés comme ouvriers dénués de ressources. On ne prendra pas en considération l'argent déposé à la Caisse d'épargne. Dans les données relatives à la population des campagnes, il faut distinguer les propriétaires fonciers, les fermiers, les journaliers possédant un fonds, ceux qui n'en possèdent pas et les domestiques engagés pour longtemps.

VIe Section.

Docteur A. Neményi.

Il est désirable que l'État s'occupe à procurer aux pauvres des logements sains et bon marché.

E. Cacheux.

Il est désirable qu'on étudie l'influence des conditions des logements sur le développement des maladies infectieuses, au moyen de bulletins précis. (Présenté de la part de la section V. Hygiène des enfants.)

Puisqu'il est désirable que la statistique de la mortalité infantile soit uniforme, la section nomme dans la Commission désignée par la Ve section d'hygiène les 6 démographes suivants : Bertillon, Bockh, Bodio, Silbergleit, Sedlaczek, Korosi.

VIIe Section.

Docteur Paul Aubry.

Considérant l'insuffisance du signalement inscrit sur les passeports, livrets militaires, etc.;

Considérant l'impossibilité que l'on éprouve avec ces signalements à démontrer son identité;

Considérant la facilité qu'ont les malfaiteurs à s'emparer de pièces ne leur appartenant pas et à se créer ainsi un faux état civil;

Considérant les fréquentes erreurs judiciaires résultant de cette insuffisance signalétique;

Considérant d'autre part les excellents résultats qu'a donnés une pratique déjà longue du signalement anthropométrique imaginé par M. Bertillon,

La section émet le vœu que l'on abandonne complètement sur les pièces officielles l'ancien signalement et que l'on ait uniquement recours au signalement anthropométrique.

On pourrait même transmettre une copie de ce signalement au maire de chaque commune qui le ferait copier en marge de l'acte de naissance. A partir de ce moment celui-ci ne serait plus délivré qu'accompagné du signalement anthropométrique.

Cette mesure adoptée éviterait une quantité d'erreurs judiciaires et policières et permettrait à tout citoyen de prouver son identité d'une façon indiscutable.

VIIe Section.

Professeur Docteur J. Boke.

Veuille le Congrès prendre la résolution suivante :

1° Que, dans les recensements, tous les États civilisés veuillent bien relever aussi les sourds-muets.

2° Que, dans leur relèvement, il soit employé le questionnaire ci-après :

a) Les questions générales en usage dans les recensements.

b) Le mutisme existe-t-il avec une bonne ouïe ?

c) Existe-t-il de la surdimutité ?

d) Est-elle congénitale ?

e) Est-elle acquise ? *a)* par maladie cérébrale, *b)* par scarlatine et autres maladies, *c)* par flux des oreilles ?

f) Les parents sont-ils consanguins ?

II. — PROPOSITIONS DONT LE CONGRÈS A PRIS ACTE.

IIIe Section.

Miss Florence Nightingale.

La section d'hygiène des pays chauds du Congrès a pris en considération le mémoire qui lui a été envoyé par Miss Florence Nightingale sur l'hygiène rurale dans les Indes et est arrivée à la persuasion que cette question est une des plus importantes, qu'elle touche au bien-être et à la santé de plusieurs millions d'hommes paisibles et laborieux. La section apprécie les efforts que le gouvernement de l'Inde a faits dans les diverses provinces de l'empire des Indes dans l'intérêt de l'hygiène. Etant donné les conditions spéciales des communes rurales aux Indes, la section est d'avis que le but visé peut le mieux être atteint par le concours de la population, si l'on enseignait à celle-ci les principes élémentaires des soins de la santé.

Le besoin le plus pressant est pour le moment l'approvisionnement de bonne eau potable et l'enlèvement, des environs des logements, de toutes les immondices et matières nuisibles à la santé.

XVIe Section.

Professeur Than.

L'expression de la composition des corps, rapportée aux atomes et aux quantités moléculaires comme unités, est plus rationnelle, au point de vue pratique, que la composition en pourcent, qui a une signification purement empirique. De cette sorte, les chiffres qui représentent la composition des corps homogènes se gravent très facilement dans la mémoire et sont toujours à la disposition de l'homme de la pratique aussi.

En appliquant cette conception aux méthodes d'analyse employées dans la pratique, on arrive au résultat que voici : que les méthodes volumétriques sont d'une exécution rapide et que les résultats en peuvent être obtenus sans calculs, directement et en évitant les erreurs.

D'après cette conception, l'application des lois de Gay-Lussac et d'Avogadro aux questions pratiques de l'hygiène et de la physiologie devient très facile. Un simple calcul mental suffit pour établir la quantité de souffre qu'il faut brûler dans une chambre pour que celle-ci soit désinfectée à fond. On peut établir d'une manière tout aussi simple, pour la combustion du pétrole ou du gaz et pour l'inhalation, la quantité des produits à comburer pour l'énergie développée, c'est-à-dire les modifications de la chaleur, ainsi que la manière de modifier la qualité de l'air dans un endroit clos.

Quand la méthode de l'indication des quantités basées sur ces unités sera généralisée dans la pratique, alors on pourra, dans un prochain avenir, faire valoir dans la pratique les récentes découvertes de la chimie théorique, notamment les maximes importantes de la mécanique chimique et de l'électrochimie, à l'instar des lois de la stoichiométrie.

XIXe Section.

Docteur Ant. Loew.

I. Que toutes les corporations s'occupant du service de sauvetage, du service sanitaire et du service d'assistance publique doivent se réunir en un ensemble bien organisé, tout en conservant pleinement l'autonomie de chaque corporation en ce qui concerne sa mission particulière :

1° Afin de faire valoir aussi bien que possible les principes qu'elles représentent et de procurer ainsi les avantages du samariatanisme aux cercles les plus étendus de la population.

2° Afin de réaliser dans l'intérêt général des devoirs plus étendus par la réunion de puissants moyens moraux et matériels.

3° Afin de soutenir et d'encourager, moralement et matériellement, les différents membres de la Fédération samaritaine, là où leurs forces isolées ne sont pas suffisantes.

II. Que cette organisation soit réalisée dans toute son étendue, d'une façon indépendante, dans chaque différent état.

III. Il ne convient pas de procurer gratuitement, aux personnes aisées, le service d'établissements humànitaires qui sont soutenus en tout ou en partie par des moyens publics.

IV. Aux personnes incapables de payer revient le secours gratuit dans toute l'étendue de l'activité de l'assistance volontaire organisée. En ce qui concerne cependant les secours sanitaires octroyés aux indigents, l'assistance volontaire organisée doit en être indemnisée par l'État ou par l'Administration du lieu de domicile des indigents.

V. L'assistance volontaire organisée doit, fondamentalement, être toujours considérée comme un complément de la sollicitude obligatoire de l'État.

VI. L'assistance volontaire organisée peut, par convention, enlever à l'État certains services de secours et devenir ainsi organe de l'État pour lesdits services de secours.

XIXᵉ Section.

Docteur E. Jurkiny.

Que les associations samaritaines soient invitées à étendre leur cercle d'action jusqu'à soigner à domicile certains malades pauvres qui, vu la nature de leur maladie ou par suite de leurs conditions de famille, n'ont pas absolument besoin du traitement hospitalier, mais auxquels il faut tout de même des soins et des secours dans leur demeure.

XIXᵉ Section.

Reginal Czermak.

Le VIIIᵉ Congrès international d'hygiène et de démographie reconnaît les services jusqu'à présent rendus par les pompiers dans le domaine de l'humanité demandant une assistance ; il exprime le vœu et émet l'assurance que les pompiers étendent et renforcent l'action par eux commencée, de coopérer comme « premier secours » dans le service de sauvetage et d'assistance, dans des accidents de toute nature, comme aussi dans le service sanitaire en général.

XIXᵉ Section.

Professeur Singer.

La XIXᵉ section du VIIIᵉ Congrès international d'hygiène et de démographie, considérant les conséquences bienfaisantes généralement reconnues du raccourcissement graduel de la durée du travail et la nocuité hygiénique du travail de nuit, se prononce en principe pour la suppression du travail de nuit. Elle invite les facteurs législatifs de tous les États civilisés à organiser l'introduction graduelle de la journée de huit heures pour les ouvriers industriels et à interdire le travail de nuit dans toutes les branches industrielles, sauf dans celles où le travail de nuit est indispensable à cause de considérations économiques générales.

ANNEXE N° 3.

Loi XIV, de l'an 1876, sur l'organisation de l'hygiène publique en Hongrie.

PREMIÈRE PARTIE. — MESURES D'HYGIÈNE.

CHAPITRE PREMIER. — PRESCRIPTIONS GÉNÉRALES.

ARTICLE PREMIER. — L'hygiène publique est du ressort de l'administration de l'État.

ART. 2. — Toutes les mesures tendant au maintien et à l'amélioration de la santé publique et à son rétablissement, après qu'elle a été troublée, sont prises par l'autorité ; les contraventions aux règles d'hygiène publique (§ 7) sont de la compétence des tribunaux de police.

ART. 3. — L'autorité exerce la surveillance au moyen de revues et inspections passées périodiquement, sans attendre les plaintes des intéressés.

ART. 4. — La compétence des autorités administratives et les appels à interjeter sont réglés dans la deuxième partie de cette loi.

Pour la juridiction de simple police, la compétence des autorités a été fixée comme suit :

Sont appelés à juger en première instance :

a) Dans les grandes et petites communes, le chef d'arrondissement (szolgabiro) ;

b) Dans les municipalités organisées (ayant un conseil municipal), le bourgmestre ou un remplaçant délégué par le conseil municipal ;

c) Dans les villes munies de l'autorité administrative (au même titre que les comitats ou départements), le capitaine de police ou un ou plusieurs membres délégués de la capitainerie ;

d) A Budapest, un ou plusieurs membres des mairies d'arrondissement ;

e) Dans les terres des Saxons (territoire royal), jusqu'à leur organisation définitive, l'inspecteur ou son remplaçant, et dans les villes, un ou plusieurs membres des bureaux de police.

Jugent en deuxième instance : dans les communes et villes comprises ci-dessus sous (*a*) et (*b*) le préfet (alispan) ; dans les villes comprises sous (*c*) et (*d*) le conseil municipal, et dans les terres des Saxons, jusqu'à leur organisation définitive, le conseil de territoire et de bailliage.

En troisième instance, les affaires sont transmises au ministre de l'Intérieur.

Art. 5. — Il ne peut être interjeté appel contre les décisions identiques des tribunaux de police de première et de deuxième instance, sauf les cas où la peine infligée excède 100 florins d'amende ou vingt jours de prison.

Pour les délits commis par le même individu dans le cours d'une année, il ne peut être appelé contre la deuxième condamnation et les condamnations subséquentes que devant les tribunaux de police de deuxième instance, quelle que soit la peine.

L'appel contre les décisions des tribunaux de police, si une confiscation a été ordonnée en même temps, doit être produit dans les vingt-quatre heures à partir de la décision ; s'il n'y a pas lieu de confisquer, dans le délai de trois jours ; pour toutes les autres mesures administratives, dans le délai de quinze jours, à partir de la réception de la décision du tribunal.

Art. 6. — Le ministre de l'Intérieur est autorisé à édicter des règlements contenant des instructions spéciales dans les limites de la présente loi ; jusqu'à ce moment, les règlements et prescriptions existants, en tant qu'ils ne sont pas en contradiction avec la présente loi, restent en vigueur.

Art. 7. — Les contraventions à la présente loi et aux règlements et prescriptions existants ou à créer, en tant qu'elles ne constituent pas de crime ou délit, seront punies, par voie administrative, d'après les règlements et ordonnances existants ou à créer, ou d'après l'usage, ou, en défaut, d'une peine ne pouvant pas dépasser 300 florins d'amende, ou, en cas d'insolvabilité, soixante jours de prison.

La peine sera proportionnée à la gravité du délit, et le maximum ne pourra être appliqué qu'en cas de récidive.

Les amendes seront versées dans la caisse de la commune où la contravention a été commise, et employées aux dépenses d'hygiène publique.

Art. 8. — Les aliments, boissons et vases nuisibles à la santé, de même que les substances, matières et produits dangereux et prohibés sans autorisation spéciale, pourront, outre les peines édictées au paragraphe précédent, être confisqués par la police et détruits. Les cas où la confiscation et la destruction devront avoir lieu seront déterminés par un règlement d'administration.

Les matières, substances et produits nuisibles ou dangereux, destinées à l'industrie ou à la science, qui sont débitées par des personnes autorisées par la police, si les règles spéciales relatives à leur fabrication et conservation n'ont pas été observées, peuvent être saisies.

La saisie est maintenue jusqu'à ce que les règles de préservation soient exécutées ; en cas de récidive, il y a lieu de confisquer ces matières.

Chap. II. — Mesures pour la conservation et l'amélioration de l'hygiène publique.

Art. 9. — Dans les contrées où la mortalité dépasse de beaucoup la moyenne, sans qu'il y ait épidémie, et où les mesures prises par l'autorité départementale restent inefficaces, le ministre de l'Intérieur peut, par l'intermédiaire d'un délégué spécial, faire une enquête et ordonner les dispositions jugées nécessaires.

Si ces mesures entraînent des dépenses dont on ne pourrait équitablement grever les communes ou les départements, le ministre soumettra au Parlement un rapport tendant à faire supporter par le Trésor une partie de la dépense.

Art. 10. — L'autorité ordonnera, dans le but d'améliorer les conditions atmosphériques, le drainage ou le dessèchement des marais et eaux stagnantes, la création d'un système de canalisation, la plantation d'arbres ou toutes autres mesures analogues qu'il jugera nécessaires.

Dans les cas où les dépenses dépasseraient les forces des communes, celles-ci auront recours au département ou, en cas d'insuffisance, à l'Administration.

L'autorité prend soin d'empêcher l'encombrement des logements, elle veille à la propreté des rues, places, maisons, écoles, institutions, fabriques, prisons, abattoirs et voiries; elle prend les dispositions nécessaires pour éloigner tout ce qui peut vicier l'atmosphère, infecter le sol et les eaux (entre autres les rouissoirs de chanvre et de lin), et pour instituer tout ce qui peut contribuer à l'amélioration de l'hygiène publique, en recourant à la force si besoin est.

Art. 11. — Les règles de l'hygiène publique seront strictement observées dans la construction des maisons d'habitation.

L'autorité départementale édicte les réglements relatifs aux bâtiments, en tenant compte des conditions locales et des intérêts de l'hygiène publique, après avoir entendu la Commission d'hygiène publique.

Les maisons nouvellement construites ou transformées dans les villes ne seront habitables qu'après inspection et autorisation préalable de l'autorité sanitaire.

L'autorité peut également faire évacuer sans délai les habitations dont l'existence constitue un danger pour la santé publique.

Il devra être procédé à la transformation des maisons, constructions, sous-sols et communs ayant existé avant la promulgation de la présente loi, s'ils présentent des dangers au point de vue de l'hygiène, dans le délai d'un an, à partir de l'avertissement de l'autorité; dans le cas où la transformation ne pourra pas se faire utilement, ces bâtiments seront mis en interdit et, si leur existence pouvait nuire à la santé, leur démolition par voie d'expropriation peut être prononcée.

Art. 12. — L'expropriation, pour cause d'hygiène publique, des bâtiments, mentionnée au paragraphe précédent est autorisée pour tout le territoire de la Hongrie.

La procédure à suivre est déterminée dans la loi VIII, de 1872, §§ 19, 20, 21 et 22.

Les expropriations de ce genre sont jugées en troisième instance par le ministre de l'Intérieur; les appels contre les décisions relatives à l'expropriation des industries seront décidés en troisième instance par le ministre de l'Agriculture, de l'Industrie et du Commerce, le ministre de l'Intérieur entendu.

Art. 13. — Les animaux dont la viande est destinée à l'alimentation publique sont soumis à une inspection sanitaire préalable.

S'il résulte de cette inspection que la bête destinée à la consommation ne remplit pas les conditions de salubrité, l'abatage pour la consommation peut être défendu.

Outre cette inspection préalable, toutes les viandes débitées dans les boucheries sont soumises, au point de vue de leur salubrité, à un examen spécial.

A l'égard des viandes trouvées insalubres, il est procédé conformément à l'article 8.

Art. 14. — Sont interdits : la vente des fruits malsains, des champignons suspects, des aliments gâtés et détériorés par le mélange avec des matières nusibles, des boissons frelatées ; de même la fabrication et l'usage des ustensiles et vases servant à la fabrication et à la conservation des matières ci-dessus énumérées.

Art. 15. — L'autorité veillera à ce que les industries existantes n'exercent pas une influence nocive pour l'hygiène publique.

Elle prendra les mesures nécessaires pour empêcher et régler l'exercice des industries insalubres qui ne tombent pas sous le coup de la loi sur les industries de 1872.

Elle est chargée, enfin, de veiller à ce que les ouvriers, employés aux grands travaux publics dans les chantiers éloignés des communes et qui se trouvent par conséquent dans l'impossibilité de pourvoir à leur placement, soient installés à la charge et par les soins des entrepreneurs de travaux et administrations et qu'ils soient soignés en cas de maladie.

ART. 16. — Les maternités et maisons d'accouchement, les enfants trouvés et les enfants donnés en nourrice sont soumis à la surveillance de l'autorité et de la police sanitaires.

ART. 17. — Les pharmaciens ne peuvent débiter des poisons et substances toxiques que sur ordonnance d'un médecin.

La vente des substances et drogues toxiques par les commerçants sera soumise à un règlement spécial.

ART. 18. — L'autorité prend les dispositions nécessaires pour parer aux dangers résultant des animaux domestiques et carnassiers.

CHAP. III. — MESURES RELATIVES AUX ÉCOLES ET AUX ENFANTS.

ART. 19. — L'état sanitaire des enfants est confié à la surveillance et aux soins de l'autorité.

ART. 20. — Les personnes chargées, légalement ou par convention, de l'entretien et de la surveillance des enfants, sont tenus, s'il s'agit d'enfants mineurs de moins de sept ans, de leur faire parvenir les soins médicaux, en cas de maladie, le plus tôt possible.

Dans ce cas, il ne sera exigible pour le traitement médical que la moitié du tarif minimum établi au paragraphe 48.

ART. 21. — La contravention édictée au paragraphe 20 est passible, dans les localités où existe un médecin ou qui appartiennent à un cercle médical, d'une amende de 10 florins ou de deux jours de prison au maximum. La peine sera proportionnée à la gravité du fait défectueux, et le maximum ne poura être appliqué qu'en cas de récidive.

ART. 22. — La dépense résultant des soins médicaux est à la charge du tuteur. Si celui-ci ou l'enfant est sans ressources, ce dernier est soigné gratuitement par le médecin de la commune ou du cercle. S'il n'existe pas de médecin de commune ou de cercle, et que les soins médicaux soient donnés, en cas d'empêchement du médecin d'arrondissement, par un médecin non astreint aux soins gratuits, ou quand l'enfant malade est soigné en dehors des limites de sa commune, les frais seront supportés, en cas d'indigence, par la commune compétente.

ART. 23. — L'inspecteur des décès est tenu, s'il se trouve en présence d'un mineur de moins de sept ans, mort sans avoir reçu de soins médicaux, de faire un rapport à la commune, qui en réfèrera à la juridiction sanitaire de première instance.

ART. 24. — Les personnes qui veulent prendre un enfant pour l'allaiter ou plusieurs enfants en nourrice seront obligés de faire une déclaration à l'autorité communale ; celle-ci, après avoir fait constater par un médecin l'état de santé de la nourrice et inspecter les locaux destinés à recevoir le nourrisson ou les enfants, peut délivrer la permission demandée, ou la refuser pour cause d'insuffisance. Dans ce dernier cas, il fera un rapport à la juridiction sanitaire de première instance qui statue définitivement.

Art. 25. — Il n'est pas permis de prendre plus d'un enfant pour allaiter.

L'autorité communale est obligée de tenir un registre des enfants mis en nourrice.

L'état sanitaire de ces enfants, leur nourriture et le traitement des nourrices seront activement contrôlés en premier lieu par les médecins officiels (des départements et arrondissements) et communaux, et dans les communes où il n'existe pas de médecins, par un ou plusieurs membres de l'autorité communale, au moyen d'inspections fréquemment répétées, et un rapport sera dressé sur le résultat de leurs inspections à l'autorité supérieure.

Art. 26. — L'emploi de narcotiques ou d'ananesthésiques, en tant qu'il ne constitue pas la prévention de délit ou crime, est puni d'une amende de 5 à 20 florins ou d'un emprisonnement de quatre jours.

Art. 27. — Les écoles primaires sont placées, au point de vue de l'hygiène publique, sous la surveillance des départements (comitats et divisions administratives analogues), qui exerceront cette surveillance notamment au moyen de leurs médecins officiels et autres fonctionnaires, sous la direction et le contrôle de leur commission administrative.

Art. 28. — Les enfants atteints d'une maladie contagieuse sont exclus de l'école jusqu'à leur rétablissement complet, attesté par le certificat d'un médecin.

Art. 29. — S'il se présente un cas de maladie contagieuse, la direction de l'école, voire l'instituteur, est tenue d'en faire la déclaration à l'autorité.

Art. 30. — S'il survient des cas d'une maladie contagieuse ou épidémique capable de compromettre sérieusement la santé des enfants, l'autorité départementale est tenue de faire sans délai la déclaration aux ministres de l'Intérieur et de l'Instruction publique et d'avertir en même temps le public.

Art. 31. — Après cet avertissement officiel, les parents et tuteurs sont obligés de retirer de l'école tous les élèves qui ont été en contact avec des personnes atteintes de maladies contagieuses et épidémiques.

Art. 32. — La direction de l'école est autorisée à s'enquérir personnellement de ce fait et à n'admettre les élèves suspects que sur le certificat d'un médecin.

Art. 33. — Si la contamination s'est produite dans l'intérieur de l'école, ou si de nombreux cas de maladie se présentent parmi les élèves, l'école peut être fermée par l'autorité départementale, mais toujours après avertissement officiel aux ministres de l'Intérieur et de l'Instruction publique.

Art. 34. — Ces mesures peuvent être étendues, en cas d'épidémie, à toutes les écoles supérieures.

La fermeture, pour cause d'épidémie, des universités et écoles techniques analogues ne peut avoir lieu que par arrêté du ministre de l'Intérieur, pris sur le rapport du département intéressé et après avis du ministre de l'Instruction publique.

Art. 35. — Les contraventions à ces prescriptions peuvent être punies, selon la **gravité du fait**, d'une amende de 100 florins ou vingt jours de prison au maximum.

Chap. IV. — Des prisons et maisons de correction de l'État.

Art. 36. — Dans les maisons de correction de l'État, la surveillance, au point de vue de l'hygiène publique, est exercée par le ministre de l'Intérieur, et les mesures à prendre sont du ressort du ministre de la Justice.

Dans les prisons, cette surveillance incombe au département dans le ressort duquel la prison est située; elle est exercée spécialement par le médecin officiel sous la direction et le contrôle de la Commission départementale d'administration; les dispositions à prendre sont du ressort du procureur du roi compétent, voire du ministre de la Justice.

Art. 37. — En cas d'épidémie, le directeur de la maison de correction de l'État ou de la prison donne immédiatement avis à la Commission administrative du département, qui envoie sans délai sur les lieux le médecin en chef ou un autre médecin départemental.

Les mesures sanitaires sont prises d'accord avec le directeur et le médecin de la maison de correction ou de la prison, et exécutées sans délai; il est dressé un rapport circonstancié relatant le cas et les dispositions prises.

Art. 38. — Dans le cas où les fonctionnaires susnommés ne tomberaient pas d'accord, l'avis du médecin en chef du département est décisif, et les mesures sont prises en conséquence sans délai, sauf recours au ministre de l'Intérieur *extra dominium*.

Chap. V. — Des secours en cas d'accident.

Art. 39. — En présence d'un cas d'accident imprévu ou d'un cas de léthargie ou mort apparente, il est du devoir de quiconque est en état d'aider « par le conseil ou par le fait » de s'y appliquer.

Art. 40. — Tous ceux qui, par suite de leurs occupations, se trouvent plus souvent dans le cas d'intervenir dans les sauvetages à la suite de désastres, tels que : bateliers, pêcheurs, conducteurs de machines à vapeur ou de trains de chemin de fer, mineurs, gardiens de la paix, etc., recevront une instruction ayant pour but de les rendre plus aptes à porter secours en cas d'accident ou de mort apparente.

Art. 41. — L'autorité est chargée :

a) D'établir dans les villes les plus peuplées des institutions de sauvetage, pourvues de tous les instruments de sauvetage et des médicaments nécessaires;

b) De pourvoir à ce que la population soit suffisamment éclairée, par un enseignement élémentaire, au sujet des secours en cas d'accident et des sauvetages.

Art. 42. — Dans les cas cités au paragraphe 40, les instructions seront données par les soins des entrepreneurs ou des administrations; dans ceux visés au paragraphe 41, il sera pourvu par l'enseignement donné aux adultes.

Toutes ces instructions et les règles principales de l'hygiène feront partie du programme des écoles primaires.

La juridiction sanitaire de première instance veillera à l'exécution de ces prescriptions.

Chap. VI. — De la pratique médicale.

Art. 43. — Sont autorisés à exercer la médecine en Hongrie tous ceux qui sont pourvus d'un diplôme de médecin décerné par l'une des universités existant sur territoire de pays. Les médecins autorisés jusqu'ici à exercer sont maintenus dans leurs droits.

Art. 44. — Les médecins pourvus d'un diplôme émané d'une université étrangère ne sont admis à exercer la médecine en Hongrie qu'après une autorisation spéciale (notification), sauf les cas où il existe des traités internationaux réglant la matière.

Quant aux diplômes délivrés par les universités des pays de Sa Majesté autres que la Hongrie, il sera statué, sur la base de la réciprocité, par les deux gouvernements.

Art. 45. — Le gouvernement peut autoriser dans certains cas l'usage des titres de docteur en médecine, en chirugie ou en pharmacie, acquis à une université étrangère, sans tenir compte des conditions énoncées ci-dessus ; mais ce titre n'autorise pas à exercer en Hongrie.

Art. 46. — Le médecin autorisé à pratiquer l'art médical est libre de se fixer où il lui convient; mais il est tenu, avant de commencer d'exercer, de présenter son diplôme à l'autorité départementale compétente pour être enregistré et promulgué. A partir de ce moment jusqu'à l'annonce de son départ, il est obligé de fournir les premiers soins médicaux dans les cas urgents, mais contre rétribution.

Il est statué sur l'emploi des médecins en cas d'épidémie aux paragraphes 84 et 85 de la présente loi.

Art. 47. — Les médecins autorisés à pratiquer ne peuvent être astreints à suivre tel ou tel système médical ; mais leurs fonctions sont placées sous la surveillance de l'État et ils sont responsables des fautes commises dans l'exercice de leur art.

Art. 48. — Les honoraires dus aux médecins sont fixés d'accord avec les parties; en cas de contestation les tribunaux décideront sur l'avis des experts ; un minimum sera fixé pour tout le territoire de l'État par le ministre de l'Intérieur, en tenant compte des différences existantes entre les villes et les communes.

Chap. VII. — Des sages-femmes.

Art. 49. — Les personnes qui jusqu'à ce jour ont, à un titre quelconque, donné des soins aux accouchées, sont maintenues dans leurs droits.

Celles qui, sans aucun titre, ont assisté les accouchées, sont tenues à se procurer la qalification spécifiée ci-dessous.

Art. 50. — Ne seront admises désormais à la pratique des accouchements que les personnes qui sont en possession d'un diplôme de sage-femme ou d'un brevet de capacité délivré par le médecin en chef du département.

Sont tenues à se procurer un diplôme de sage-femme les personnes dont la résidence est à une distance moindre de 95 kilomètres d'une université ou d'une école de sages-femmes; celles qui résident au-delà de cette limite pourront acquérir le droit d'exercer au moyen d'un brevet de capacité délivré par le médecin en chef du département, jusqu'à la création d'écoles de sages-femmes en nombre suffisant sur tout le territoire du pays.

Cependant si une sage-femme diplômée se fixe dans une localité, la pratique devra être interdite à la sage-femme munie d'un brevet spécifié ci-dessus, sauf à cette dernière de se procurer le diplôme dans un délai de deux ans.

ART. 51. — L'emploi de sage-femme de département ne peut être donné qu'à une sage-femme munie du diplôme.

Pour les places de sage-femme de commune, les personnes pourvues du diplôme auront la préférence.

CHAP. VIII. — EXERCICE ILLÉGAL DE LA MÉDECINE.

ART. 52. — Il est interdit aux personnes qui ne sont pas autorisées à exercer la médecine, conformément aux dispositions du chap. VI, de visiter habituellement des malades et de faire des ordonnances contre rétribution.

ART. 53. — Sont interdites également la fabrication et la vente des remèdes secrets, sans l'autorisation spéciale du ministre de l'Intérieur, délivrée après avis des experts.

ART. 54. — Il ne pourra être délivré un brevet d'invention pour des médicaments et remèdes spécifiques, ni pour des inventions, procédés et modifications dont l'emploi serait dommageable au point de vue de l'hygiène publique.

ART. 55. — Le ministre de l'Intérieur peut autoriser la vente de remèdes spécifiques ou l'application de méthodes curatives applicables à des maladies déterminées, après avis préalable des experts.

CHAP. IX. — HÔPITAUX ET MAISONS DE SANTÉ.

ART. 56. — Le ministre de l'Intérieur autorise la création d'hôpitaux et maisons de santé, publics ou privés, après avoir entendu les départements intéressés.

ART. 57. — Les hôpitaux et maisons de santé qui sont pourvus d'une administration régulière et sont en état de recevoir, outre les malades de la localité et des environs, un certain nombre de malades étrangers, peuvent être investis des attributions d'un hôpital public.

ART. 58. — Les hôpitaux qui ont ce caractère sont tenus de recevoir et de soigner tous les malades qui se présentent sans distinction de personnes, ni de provenance, indigène ou étrangère, tant qu'ils auront des lits disponibles.

ART. 59. — Les hôpitaux et maisons de santé qui n'ont pas le caractère d'hôpitaux publics ne peuvent être astreints à recevoir d'autres malades que ceux pour lesquels ils ont été institués, sauf les cas d'urgence.

ART. 60. — Les hôpitaux et maisons de santé de l'État sont placés sous la surveillance et la direction immédiate du ministre de l'Intérieur.

Cependant le gouverneur du département (foïspan) est autorisé à inspecter ces hôpitaux — à l'exception de ceux qui se trouvent dans la capitale — au point de vue de la propreté, de l'administration et de là gestion financière.

Tous les autres hôpitaux et maisons de santé, publics et privés, sont placés sous la surveillance immédiate des départements intéressés et spécialement de leur commission administrative.

Art. 61. — Les taxes quotidiennes à payer sont fixées, pour les hôpitaux de l'État, par le ministre de l'Intérieur ; pour les hôpitaux et maisons de santé publics, par le même, après entente avec les départements intéressés.

Les taxes ne peuvent être employées qu'aux dépenses courantes des hôpitaux.

Les hôpitaux et maisons de santé particuliers fixent eux-mêmes les taxes de malades, mais ils sont tenus à les notifier à l'autorité départementale.

Art. 62. — Les hôpitaux et maisons de santé publics et privés sont tenus d'employer des médecins et gardes-malades en nombre suffisant.

Art. 63. — Ne peuvent être nommés aux places de médecin en chef des hôpitaux que des docteurs en médecine qui exercent depuis deux ans au moins.

Auront la préférence sur les autres compétiteurs ceux qui justifient de la pratique des hôpitaux ou de leur stage comme assistants de clinique, ou de la qualification de chirurgien des hôpitaux.

Tous les docteurs en médecine autorisés à exercer sur le territoire du pays peuvent être nommés aux places de médecins secondaires des hôpitaux.

Art. 64. — Dans les hôpitaux et maisons de santé de l'État, le personnel médical et administratif est nommé par le ministre de l'Intérieur.

Art. 65. — Les directeurs et médecins principaux des hôpitaux et maisons de santé de l'État, et autres employés permanents, sont assimilés aux fonctionnaires de l'État, ont droit à la retraite et sont soumis aux règlements qui régissent ces derniers.

Les médecins secondaires de ces mêmes établissements sont employés temporairement, ordinairement pour la durée de deux ans.

Art. 66. — Dans les hôpitaux appartenant aux départements, le médecin-directeur en chef est nommé, après avis de la Commission départementale d'hygiène, par le gouverneur ; le personnel administratif, par le préfet ou le bourgmestre ; le personnel médical, après avis du directeur-médecin en chef, par le gouverneur.

Art. 67. — Les particuliers, sociétés ou corporations qui établissent et dirigent des hôpitaux à leur compte, nomment eux-mêmes le personnel médical, mais sont tenus de notifier leur choix au gouverneur, qui ne peut élever d'objection qu'en cas de défaut de qualification légale ou d'inconduite morale. La décision finale, dans ces cas, est réservée au ministre de l'Intérieur.

Si les particuliers, sociétés ou corporations ne gèrent pas eux-mêmes ces hôpitaux, le personnel est nommé, sur leur proposition, par le gouverneur.

Art. 68. — Dans les hôpitaux communaux, le personnel médical est nommé, après avis de la Commission communale d'hygiène publique, par le préfet.

Art. 69. — Le personnel des hôpitaux, employé d'après les dispositions des art. 66 et 68, est soumis aux règles disciplinaires en vigueur pour tous les autres fonctionnaires du département et de la commune.

Art. 70. — Dans les hôpitaux et maisons de santé de l'État, des départements et des communes, les médecins sont nommés à la suite d'un concours public.

Chap. X. — Des aliénés.

Art. 71. — Les aliénés, ou non, dont le maintien dans les familles présente des dangers pour la sûreté publique, seront placés dans les asiles d'aliénés pour y être guéris et entretenus.

Les aliénés inguérissables non dangereux, de même que les déments, stupides et idiots, s'ils n'ont pas de fortune, seront à la charge de leur famille, ou, en cas d'indigence de celle-ci, ils seront à la charge de la commune compétente.

Art. 72. — Pour l'admission d'un malade dans un asile d'aliénés, il devra être produit le certificat d'un médecin fonctionnaire public attestant la maladie, ou, si le malade a déjà été soigné, le certificat du médecin traitant.

Art. 73. — Dans les asiles d'aliénés de l'État, il sera établi un système d'observation.

Par conséquent, les malades ne seront reçus que provisoirement dans les asiles, et leur état fera l'objet d'une surveillance attentive.

Ils ne peuvent être admis définitivement, sous la responsabilité personnelle du directeur de l'établissement, que lorsque leur état d'aliénation est devenu évident.

Le directeur de l'établissement est tenu de transmettre, sans délai, au tribunal du ressort habité par l'aliéné admis définitivement, un rapport appuyé sur l'avis médical.

Dans les asiles particuliers et dans les divisions d'aliénés des hôpitaux, les malades ne pourront être admis définitivement qu'après que le tribunal compétent ait statué sur le fait de l'aliénation ; dans ce but, il sera immédiatement donné connaissance à ce dernier des malades arrivés dans le service.

Art. 74. — Si les parents ou la famille conçoivent des doutes au sujet de l'état d'aliénation mentale des internés, il leur sera permis de faire examiner l'état du malade par des experts, à leurs frais, jusqu'à la décision judiciaire déclarant définitivement le malade atteint d'aliénation.

Les experts ne peuvent être choisis que parmi les professeurs des facultés de médecine ou parmi les membres du Conseil d'hygiène publique.

Art. 75. — Des mesures restrictives et de force ne pourront être employées à l'égard des aliénés qu'en cas de besoin, pour préserver leur personne ou leur entourage ; ces mesures ne seront prises que sur l'ordre du médecin et seront abandonnées aussitôt que faire se pourra.

Art. 76. — Les malades guéris ou ceux dont l'aliénation n'a pas été confirmée sont immédiatement relâchés.

Chap. XI. — Hygiène des chemins de fer et de la navigation.

Art. 77. — Les dispositions requises pour sauvegarder la santé des voyageurs, comme aussi du personnel administratif et des ouvriers employés aux chemins de fer et aux bateaux circulant sur le territoire du pays et dans les usines et mines appartenant auxdites entreprises de communication, de même que des ouvriers employés à la construction des chemins de fer, seront prises, après avis des administrations intéressées, par le ministre.

ART. 78. — L'hygiène des chemins de fer et de la navigation fluviale est sous la surveillance de l'État.

Cette surveillance s'étend : à la création et à la préparation des médicaments, objets de pansement et autres appareils et instruments médicaux destinés à être employés en cas d'accident ; à l'observation rigoureuse des règlements d'hygiène publique édictés pour les entreprises de communications ; à l'emploi en nombre suffisant des médecins ; au placement des ouvriers employés aux chemins de fer tant en construction qu'en exploitation, et aux soins médicaux à leur donner en cas de maladie ; enfin à l'exécution des mesures préservatrices en cas d'épidémie.

ART. 79. — L'accomplissement de la surveillance de l'État et la réglementation relativement à l'hygiène publique des chemins de fer et de la navigation fluviale sont du ressort des ministres de l'intérieur et des travaux publics.

CHAP. XI. — DES ÉPIDÉMIES ET MALADIES CONTAGIEUSES.

ART. 80. — Si, dans une localité, plusieurs personnes sont atteintes d'une maladie ou s'il survient des cas d'une maladie contagieuse, l'autorité communale est tenue d'avertir immédiatement la juridiction sanitaire de première instance, qui en avise le département.

L'obligation de déclarer les cas de maladies de ce genre s'étend également aux médecins, aux ecclésiastiques et aux instituteurs et en général à tous ceux qui en auront connaissance.

ART. 81. — L'autorité départementale constate l'existence de l'épidémie et prend des mesures pour la supprimer ou du moins l'enrayer, en faisant rigoureusement observer les prescriptions contenues dans les règlements d'épidémies en vigueur et renouvelés périodiquement.

Elle est chargée en outre : d'établir des hôpitaux, selon les besoins, pour la réception des malades épidémiques, d'organiser les secours médicaux, de fournir les médicaments nécessaires, de créer et de faire instruire le personnel de service, d'opérer l'isolement des malades des populations saines, de donner des secours aux indigents ; elle fait exécuter les mesures de désinfection, de propreté et de surveillance des aliments et denrées, et tout ce qu'elle juge nécessaire pour détruire les causes d'infection ou d'épidémie ; elle est tenue en outre de recueillir les documents statistiques concernant l'état et la propagation de l'épidémie et à préparer les rapport périodiques et d'ensemble devant servir à éclaircir les origines, les caractères spéciaux, la marche et la durée de l'épidémie.

L'autorité départementale a le droit, dans ce cas, d'établir des hôpitaux ou divisions homéopathiques.

ART. 82. — Les chefs de famille, les industriels, les fabricants, directeurs des mines et chefs de pensionnat, lorsqu'il se déclare dans leur famille, parmi leurs ouvriers, domestiques, apprentis ou pensionnaires, des cas d'une maladie épidémique ou contagieuse, sont tenus de faire donner immédiatement des soins médicaux aux malades quand même l'autorité n'aurait pas encore pris ses dispositions.

Dans les épidémies se propageant par contagion, le traitement médical peut être imposé par la force.

Art. 83. — En cas d'épidémie, les séquestrations et quarantaines ne peuvent être ordonnées qu'avéc l'autorisation du Gouvernement, tant pour les personnes que pour les marchandises.

Art. 84. — En tant que les médecins des départements, des communes, du fisc et autres fonctionnaires ne seraient pas suffisants pour le traitement des malades épidémiques, l'administration est autorisée à déléguer d'office des médecins d'épidémie en leur attribuant une indemnité.

Les médecins praticiens ne peuvent pas refuser la délégation dans les limites de leur résidence; ils ne peuvent être délégués en dehors de leur résidence contre leur gré.

Art. 85. — Tous les médecins fonctionnaires et privés sont obligés de se conformer aux règlements d'épidémies, sauf cependant les cas où ceux-ci se trouvent en contradiction avec les disposition du § 47.

Ils ne pourront refuser les premiers soins à un malade atteint d'une maladie épidémique et sont obligés de continuer le traitement s'il n'existe pas d'autre médecin dans la localité.

Art. 86. — Les veuves et orphelins de médecins-chirurgiens et gardes-malades au service de l'État ou d'une fondation, s'il est suffisamment prouvé que leurs maris ou pères sont morts dans leurs fonctions de médecin d'épidémie, ont droit à une pension ou à un supplément d'éducation, même si le défunt n'a pas encore atteint le minimum de dix ans de service.

Art. 87. — Les veuves et orphelins de médecins-chirurgiens et gardes-malades au service des départements, communes ou particuliers et employés par l'autorité comme médecins d'épidémie, s'il est suffisamment prouvé qu'ils ont trouvé la mort dans l'exercice de leurs fonctions, ont également droit à une pension, entretien ou supplément d'éducation; notamment les veuves et orphelins des médecins et chirurgiens dont les émoluments n'étaient pas supérieurs à 1,000 florins sont assimilés aux veuves et orphelins de fonctionnaires de l'État ayant touché cette somme : les veuves et orphelins de gardes-malades reçoivent une pension équivalente à celle des veuves et orphelins de garde-malades au service des établissements de l'État.

Ces pensions et suppléments d'éducation, en tant que les départements ne disposent pas d'un fonds de pensions, sont à la charge du Trésor.

Art. 88. — Les pensions de veuves et orphelins de médecins, chirurgiens et gardes-malades au service d'une fondation publique seront à la charge de cette fondation si la mort du fonctionnaire a eu lieu dans la sphère de son service; s'il est mort pendant l'exercice de ses fonctions en dehors de sa circonscription, les pensions sont à la charge du Trésor public.

Art. 89. — Dans le cas où une maladie contagieuse — telle que la syphilis — aurait déjà pris une certaine extension, l'autorité prend les mesures nécessaires pour que les malades atteints soient soumis au traitement.

Les syphilitiques qui ne peuvent être traités chez eux par suite de leur indigence ou par égard à leur famille seront transportés à l'hôpital civil le plus proche, et s'il n'en existe pas dans le pays, à l'hôpital militaire, et retenus jusqu'à leur complète guérison.

Art. 90. — Dans les contrées où la syphilis s'est propagée dans une proportion telle que les dispositions prophylactiques et médicales en vigueur sont jugées insuffisantes et où il n'existe pas d'hôpital à proximité, il sera procédé à l'établissement d'hôpitaux provisoires aux frais de l'État et autant que possible au centre de la contrée frappée par la maladie.

Ces hôpitaux ne seront établis que pour la durée de la maladie et devront être ensuite démolis sans délai.

Art. 91. — La prostitution, en tant qu'elle est en rapport avec l'hygiène publique, sera réglementée par les ordonnances de l'Administration.

Chap. XIII. — De la vaccination.

Art. 92. — La vaccination est considérée comme une institution d'État, et l'Administration prend les dispositions requises pour qu'elle puisse s'accomplir sans entraves.

Art. 93. — La vaccination, et éventuellement la revaccination des adultes, sera faite chaque année dans toutes les communes.

Les parents et tuteurs, et en général tous ceux qui ont la garde des enfants, sont tenus de les faire vacciner dans le cours de la première année, à l'exception de ceux qui sont tombés malades de la variole. On ne sera dispensé de cette mesure que sur l'avis d'un médecin.

Art. 94. — Ne sont admis à pratiquer la vaccination que les médecins munis d'un diplôme valable pour le territoire de la Hongrie.

Art. 95. — Les précautions à prendre pour opérer la vaccination, la récolte et la conservation du vaccin seront rigoureusement remplies, et les contraventions pourront être punies d'une amende de 1 à 10 florins ou de deux jours de prison.

Art. 96. — Si le vacciné court le risque de maladie ou un danger quelconque par la faute du vaccinateur, ce dernier pourra être traduit en police correctionnelle, après avis des experts.

Art. 97. — Les médecins vaccinateurs, outre les émoluments stipulés, recevront une prime de l'Administration pour le bon résultat des vaccinations pratiquées.

Art. 98. — Le transport des médecins vaccinateurs est à la charge des communes qui peuvent le fournir en nature ou en argent.

Art. 99. — Le ministre de l'intérieur est chargé de veiller à la conservation du vaccin et de le faire distribuer gratuitement aux établissements publics et aux médecins officiels, de façon à ce qu'ils puissent être toujours pourvus de vaccin frais.

Chap. XIV. — Des stations balnéaires et des eaux minérales.

Art. 100. — Sont considérés comme établissements balnéaires :

a) Les bains d'eaux minérales dont les sources sont déclarées efficaces par les experts contre certaines maladies, après analyse chimique préalable.

b) Les bains d'eau naturelle possédant une assez grande quantité d'eau de source fraîche et pure,

Chaque station balnéaire sera pourvue : de bâtiments et établissements de bains confortables et salubres, d'un règlement des bains, d'un médecin ordinaire pour la saison et d'une pharmacie. Ces établissements seront, en outre, garantis contre les influences atmosphériques nocives, et maintenus dans un état de propreté convenable ; enfin les malades devront être pourvus d'une alimentation saine, et maintenus dans un état de calme et de confort.

La nomination du médecin des eaux sera notifiée au gouverneur du département, qui ne peut s'y opposer qu'en cas de défaut de qualification légale du candidat ou pour inconduite notoire ; la décision finale est réservée au ministre de l'Intérieur.

ART. 101. — La permission de prendre le titre de station thermale est donnée, après justification des conditions énumérées au paragraphe précédent, par le ministre de l'Intérieur, après avis du département intéressé.

Dans ces établissements, les phénomènes météorologiques et thermométriques devront être notés soigneusement pendant la saison.

ART. 102. — Dans le but de favoriser le développement des stations balnéaires, le ministre de l'intérieur aura soin d'y ouvrir des bureaux de poste et de télégraphe, et l'autorité départementale veillera à l'entretien des routes conduisant à ces établissements.

ART. 103. — Les nouvelles constructions, dans un établissement thermal, jouiront de l'exemption d'impôts pendant vingt ans.

ART. 104. — Dans les établissements de bains, les salles de bains, les maisons d'habitation et autres constructions seront maintenues dans des conditions hygiéniques satisfaisantes. Les contraventions répétées à cette règle pourront entraîner la fermeture de l'établissement, qui sera ordonnée par le ministre de l'Intérieur, le département entendu.

ART. 105. — L'autorité pourra permettre la perception d'une taxe et la création d'une fondation de bains.

Les sommes perçues à ce titre devront être employées exclusivement au développement de l'établissement.

ART. 106. — Les stations balnéaires sont placées sous la surveillance des départements sur le territoire desquels elles sont situées.

La même autorité veillera à ce que les malades indigents soient admis à l'usage des bains et eaux minérales dans la mesure du possible.

ART. 107. — La mise en bouteilles, la conservation des eaux minérales et la vente des eaux minérales artificielles seront réglées par voie d'ordonnances.

ART. 108. — Les eaux minérales artificielles ne pourront être fabriquées qu'avec la permission de l'autorité, sous la surveillance et la direction d'un pharmacien ou d'un chimiste diplômé.

En cas d'infraction répétée des prescriptions, la permission pourra être retirée.

CHAP. XV. — DISPOSITIONS RELATIVES AUX MORTS, AUX ENTERREMENTS, AUX CIMETIÈRES.

ART. 109. — En cas de mort, il devra être procédé aux constatations suivantes :

a) La mort a-t-elle réellement eu lieu ?

b) La mort n'est-elle pas le résultat d'un crime ?

En général, on devra prendre toutes les précautions qu'exige l'intérêt de l'hygiène publique.

Aʀᴛ. 110. — L'inspection des morts par des agents spéciaux est rendue obligatoire ponr tout le territoire de la Hongrie, et il ne sera pas procédé à l'inhumation sans l'attestation écrite du vérificateur des décès.

La réglementation spéciale de l'inspection des morts sera faite par voie d'ordonnances.

Sauf les exceptions énumérées dans ces règlements, il est interdit de procéder à l'inhumation avant le délai de quarante-heures, à partir du moment du décès.

Aʀᴛ. 111. — L'autopsie médico-légale aura lieu :

a) Pour les cadavres trouvés sur la voie publique.

b) Dans le but de constater l'existence de maladies contagieuses ou épidémiques.

Aʀᴛ. 112. — Pourront être soumis à l'autopsie, dans un but scientifique, les cadavres des malades soignés gratuitement dans les hôpitaux, si la famille du défunt ne s'y oppose pas.

Aʀᴛ. 113. — Dans le délai prescrit par la loi et les règlements, il devra être procédé à l'inhumation qui aura lieu, en général, sur le territoire de la commune où le décès a été constaté.

Aʀᴛ. 114. — Au cas où les parents, corporations et particuliers ne pourvoient pas à l'enterrement dans le délai fixé, la commune devra s'en charger aux frais de ceux qui y seraient obligés légalement.

Si le défunt n'a pas de fortune, et à défaut de parents, corporations et particuliers légalement chargés de l'enterrement, celui-ci devra se faire aux frais de la commune qui est, en premier lieu, compétente en fait d'assistance publique.

Aʀᴛ. 115. — Si l'enterrement, dans le délai prescrit, est empêché par le ministre du culte chargé d'y procéder, ce dernier devra être rendu responsable des conséquences.

Aʀᴛ. 116. — Chaque commune est tenue d'entretenir un cimetière communal en rapport avec sa population et avec les conditions de l'hygiène publique. Il ne sera fait exception à cette règle que pour les communes où il existe un ou plusieurs cimetières des différents cultes, et où la liberté des enterrements est assurée.

Aʀᴛ. 117. — Les dispositions relatives à l'établissement, l'agrandissement ou la fermeture des cimetières, à la distance de ces derniers des habitations, à leur situation, à la clôture et aux plantations à établir, aux dimensions des tombes et à la distance à garder entre elles, seront réglées d'accord avec les conditions locales et la nature du sol, par des règlements d'administration.

Art. 118. — La permission de construire des maisons dans les cimetières abandonnés ne pourra être délivrée qu'après un délai de trente ans à compter du dernier enterrement opéré.

L'ouverture des tombeaux et des caveaux et l'exhumation de cadavres ne peuvent être effectuées qu'avec la permission de l'autorité, et seulement avec l'observation rigoureuse des règles d'hygiène publique édictées dans un règlement d'administration.

Aʀᴛ. 119. — Pour l'établissement de caveaux dans les cimetières, on devra demander la permission de l'autorité. Cette permission contiendra les règles hygiéniques qui sont à observer dans leur construction et l'indication précise du procédé qu'on devra suivre, au point de vue de l'hygiène publique, à chaque inhumation qui aura lieu dans ces caveaux.

Aʀᴛ. 120. — Les inhumations dans les églises nouvellement construites à l'intérieur des villes

13

et communes et des environs ne seront autorisées qu'avec l'observation des conditions énumérées à l'article 119.

Il ne sera pas permis d'établir des cimetières autour des églises qu'on construira dans l'intérieur des villes.

Art. 121. — Les inhumations dans les églises construites à l'intérieur des villes et communes, et dans les cimetières situés autour, — qui ont eu lieu d'une manière habituelle — ne pourront se faire dorénavant qu'avec la permission de l'autorité, laquelle ne sera délivrée que dans les cas où l'inhumation peut s'effectuer conformément aux prescriptions hygiéniques.

Il sera de même pour les tombeaux ou caveaux de famille devant être établis en dehors des cimetières sur des propriétés particulières.

Art. 122. — L'autorité communale ou départementale statuera, par des règlements spéciaux en rapport avec les conditions locales, sur les dispositions à prendre au sujet des cimetières et caveaux au point de vue de l'hygiène publique, conformément à la présente loi et aux ordonnances du Gouvernement qui la complètent.

Art. 123. — Le transport des cadavres n'aura lieu qu'avec l'autorisation de l'autorité et en observant strictement les prescriptions hygiéniques existantes. Le transport de cadavres dans les pays de sa Majesté autres que la Hongrie ou à l'étranger, et réciproquement, sera réglé par les traités déjà existants ou à conclure.

Chap. XVI. — Des pharmacies.

Art. 124. — La pharmacie, comme institution d'hygiène publique, est placée sous la surveillance de l'État.

La surveillance de l'État s'étend :

a) Sur la qualification scientifique du personnel des pharmacies ;

b) Sur l'observation du tarif établi par l'Administration et sur la gérance des pharmacies ;

c) Sur les locaux occupés par la pharmacie et sur les provisions de médicaments ;

d) Sur la tenue régulière des livres prescrits par le règlement.

Art. 125. — Les pharmaciens sont tenus de se conformer aux lois et règlements concernant la pharmacie.

Le propriétaire ou le gérant de la pharmacie est responsable de la manipulation, par son personnel auxiliaire non diplômé, de la bonne qualité, de la propreté et de la préparation régulière des médicaments, sous peine des punitions édictées au paragraphe 7.

Les employés pourvus d'un diplôme sont responsables en premier lieu de leurs fonctions.

Les relations du propriétaire de la pharmacie avec le gérant sont réglées par voie de contrat.

Dans le cas où la manipulation dans une pharmacie serait irrégulière ou fautive, l'autorité départementale nommera un gérant ou changera le gérant en exercice.

Art. 126. — Ne sont autorisés à vendre des médicaments, aux doses prescrites, que les propriétaires de pharmacies pourvus du diplôme ou les gérants diplômés autorisés par eux ; les médecins ayant la permission de tenir une pharmacie portative, et les vétérinaires qui ne vendent que les médicaments destinés aux animaux.

Les médecins homéopathes sont obligés de prendre les matières et les dissolutions premières dans les pharmacies ; mais ils sont autorisés à servir eux-mêmes à leurs malades les dissolutions de plus en plus diluées.

Dans ce cas, ils sont obligés de marquer le nom et le degré de dilution de médicament sur la bouteille, le vase ou paquet qui le contient.

Art. 127. — Le pharmacien n'est obligé de donner à crédit que dans les cas de danger imminent, constatés par le médecin traitant.

Les livres du pharmacien qui sont régulièrement tenus et pourvus du timbre réglementaire sont assimilés, au point de vue de leur valeur probative, aux autres livres commerciaux.

Art. 128. — Les pharmacies sont considérées comme des établissements de santé publique fondés avec la permission de l'Administration des pharmaciens experts, et, comme tels, ne peuvent pas être rangés dans les établissements industriels ; en conséquence, les pharmaciens ne sont pas astreints à payer la taxe établie par les chambres d'industrie.

Art. 129. — Ne peuvent diriger une pharmacie que ceux qui sont pourvus d'un diplôme de docteur ou de maître en pharmacie, valable sur le territoire de la Hongrie.

Pour les diplômes, les dispositions des articles 43 et 45 sont appliquées.

Art. 130. — Les pharmacies à droit réel peuvent être, comme par le passé, librement vendues, léguées et transmises ; en un mot, elles peuvent former l'objet de contrats de droit privé et de transactions dans les limites des règlements existants.

Art. 131. — Le droit d'exploiter une pharmacie est purement personnel, et il est attaché à la personne qui a obtenu la concession ; celle-ci ne peut être vendue ni léguée.

La transmission, avec le droit personnel, peut être accordée par le ministre de l'Intérieur, conformément aux dispositions de l'art. 29.

La concession ne peut en être refusée que par suite du défaut de qualification ou pour insuffisance morale.

Art. 132. — En cas de décès du pharmacien, l'usufruit de la concession personnelle est laissée à la veuve. Si la veuve se remarie ou meurt pendant la minorité des enfants, l'usufruit de la concession appartient aux enfants jusqu'à leur majorité.

La veuve ou le tuteur des enfants (ce dernier après avis du Conseil des pupilles) est obligé de nommer un gérant diplômé, conformément à l'art. 129.

Art. 133. — Il ne pourra plus être concédé de pharmacies à droit réel.

Art. 134. — Le ministre accorde l'autorisation de créer une nouvelle pharmacie, après avis de l'autorité départementale.

Peuvent demander l'établissement d'une pharmacie :

a) Une commune ;

b) Un pharmacien diplômé ; — dans ce dernier cas, la commune intéressée est entendue.

La concession ne pourra être refusée que s'il est suffisamment prouvé que, eu égard au chiffre de la population, aux établissements déjà existants et aux conditions légales, la nouvelle pharmacie est non seulement superflue, mais qu'elle compromettrait l'existence de celles déjà existantes.

Si, dans le cas compris sous le paragraphe (*a*), la création d'une pharmacie a été décidée, la commission administrative départementale désigne la personne à laquelle la concession devra être délivrée, après concours préalable publié par le premier fonctionnaire du département; la décision devra être notifiée au ministre de l'Intérieur.

Art. 135. — Des succursales de pharmacies et des pharmacies portatives pourront être concédées par le ministre de l'Intérieur, après avis du département ; mais elles devront être fermées lorsque l'urgence aura cessé d'exister ou lorsque dans la localité une pharmacie régulière aura été établie.

Art. 136. — Dans les localités où il n'existe pas de pharmacie, les médecins pourront être autorisés par le premier fonctionnaire du département à tenir une pharmacie portative; mais ils seront obligés de se conformer aux règlements existants à cet égard.

Les concessions définitives de cette sorte seront notifiées au ministre de l'Intérieur.

Le ministre de l'Intérieur règle les tarifs des médicaments de temps à autre par un tarif annexé au Codex hongrois.

Art. 137. — Toutes les prescriptions spéciales relatives à l'établissement, au transport, à l'installation, à l'approvisionnement et à l'inspection des pharmacies, au fonctionnement et à la manipulation des pharmaciens, feront l'objet de règlements d'administration publique.

Art. 138. — Il ne pourra être perçu, à aucun titre, des taxes pour l'inspection officielle des pharmacies.

DEUXIÈME PARTIE. — SERVICE SANITAIRE.

Chapitre premier. — Service sanitaire des communes.

Art. 139. — La commune exécute les ordonnances relatives à l'hygiène contenues dans la présente loi et celles émises par le Gouvernement et le Département dans le sens des lois.

Art. 140. — Elle pourvoit en outre :

a) A ce que les aliénés de la commune impropres à être admis dans les asiles, les idiots, sourds-muets, aveugles, infirmes, enfants trouvés, enfants en nourrice, indigents, reçoivent les soins médicaux et la subsistance.

b) A l'assistance nécessaire aux malades et aux femmes qui accouchent ; à l'instruction des sages-femmes diplômées, laquelle, en cas de besoin, sera donnée aux frais de la commune.

c) A l'établissement et à la surveillance des cimetières et, si possible, à la création de dépôts mortuaires.

d) Elle exerce, dans l'esprit de la loi, le droit de choisir le personnel sanitaire communal.

Ces attributions appartiennent à toutes les communes, alors même qu'elles forment une juridiction.

Art. 141. — En matière de police, la commune a les attributions suivantes :

a) Elle surveille la propreté publique, l'inspection des viandes, la vente des aliments et boissons, la pureté et l'innocuité des eaux potables destinées à la consommation publique, le bon entretien des puits, citernes, réservoirs et conduites d'eau ; elle empêche qu'on y fasse des dégradations ; enfin elle surveille la vérification des décès et d'une façon générale toutes les affaires de salubrité locale.

b) Elle signale à la juridiction de première instance compétente en affaires d'hygiène, pour les faire cesser ou réprimer, les défectuosités et les contraventions en ces diverses matières.

c) Elle peut aussi, en cas semblables, exécuter des saisies et même une confiscation, dès qu'elle se trouve indiquée par la loi ou par les décrets basés sur elle, et que les circonstances le réclament sous le rapport sanitaire.

d) Elle intervient sans aucun retard dans les circonstances qui exposent la vie ou la sûreté personnelle des individus habitant la banlieue de lu commune ou du cercle sanitaire, notamment un danger soudain de mort.

Ces fonctions sont remplies dans les grandes et les petites communes par le juge et le notaire de la commune ou du cercle ; dans les villes à administration municipale organisée, par le capitaine de la police ; dans celles ayant droit de juridiction, par les organes de la capitainerie ; à Budapest, par la police métropolitaine.

Art. 142. — Toutes les villes ayant droit de juridiction ou pourvues d'une administration municipale organisée ; celles qui, sur le territoire royal, servent de siège à la juridiction ; enfin toutes les communes comptant 6,000 habitants, sont obligées d'avoir un médecin.

C'est le département qui, en tenant compte des conditions locales et communales, décide si une commune comptant 6,000 habitants peut s'unir avec des communes voisines plus petites pour instituer en commun un médecin.

L'autorité départementale ordonne en outre que les autres communes ne possédant pas de médecin communal se groupent en cercle sanitaire, comprenant une population de 6,000 à 10,000 âmes, pour instituer un médecin.

Dans les communes qui, pour un motif quelconque, ne peuvent être réparties dans un cercle sanitaire, c'est le médecin de l'arrondissement qui remplit le rôle de médecin communal.

Ces communes sont néanmoins obligées de contribuer à l'augmentation du fonds de l'hôpital communal ou d'arrondissement le plus proche, qu'il soit déjà bâti ou simplement projeté.

Comme contributions à ce fond, la commune paye proportionnellement à sa population autant que la commune la plus voisine, englobée dans un cercle sanitaire, est obligée de payer, d'après le chiffre de ses habitants, pour entretenir un médecin.

Plusieurs communes obligées d'entretenir un médecin ou plusieurs cercles sanitaires peuvent se réunir pour fonder un hôpital d'arrondissement.

Art. 143. — Les médecins de communes nommés en vertu de la loi XVIII 1871 restent dans leurs fonctions, même après la mise en vigueur de la présente loi, pour la durée de leur nomination ; ensuite aura lieu une nouvelle élection.

Les médecins communaux qui ont déjà été en fonctions peuvent être réélus, lors même qu'ils ne possèdent pas la qualification requise dans le paragraphe 74 de la loi XVIII, 1871.

Dorénavant, peuvent être également choisis comme médecins communaux les chirurgiens diplômés qui peuvent attester d'une pratique chirurgicale ininterrompue de trois ans.

La préférence est assurée aux candidats qui possèdent un diplôme de docteur en médecine.

Les fonctions des médecins de communes ou de cercles nommés après la mise en vigueur de la loi actuelle sont permanentes.

Sous le rapport disciplinaire, il y a lieu de leur faire application des mêmes lois qu'aux autres fonctionnaires communaux.

Art. 144. — Le médecin communal est nommé à la suite d'un concours. Le municipe fixe, en tenant compte de la diversité des circonstances matérielles, le traitement des médecins des communes et des médecins de cercles, après avoir entendu le corps représentatif des communes intéressées ; celui des médecins des grandes et petites communes, après avoir entendu les fonctionnaires de l'arrondissement ; celui des médecins de villes pourvues d'une administration municipale organisée, après avoir entendu le sous-gouverneur du comitat.

Dans chaque cas particulier, le vice-gouverneur du comitat fixe, après avoir entendu les corps représentatifs et les fonctionnaires de l'arrondissement, la commune où le médecin du cercle doit établir sa résidence, la part respective pour laquelle les communes unies contribuent à son traitement, la participation de chacune d'elles à sa nomination. Appel de ces décisions peut être porté devant la commission administrative du cercle du municipe.

Le lieu de résidence du médecin ainsi fixé ne peut être changé qu'après une nouvelle entente réciproque.

Art. 145. — Le médecin de commune et de cercle pourvoit aux affaires locales d'hygiène, de police sanitaire et de médecine légale de la commune ou de son cercle de commune, à savoir :

1° Il soigne gratuitement les pauvres de la commune ou des communes unies entre elles ; il soigne les personnes aisées, conformément au contrat passé avec la commune pour ses honoraires ;

2° Il surveille, au point de vue de l'hygiène et de la police sanitaire, les enfants trouvés et ceux mis en nourrice, les aliénés, idiots, sourds-muets et infirmes, qui sont à la charge des communes ;

3° Il pratique les vaccinations, en tant qu'il n'est pas lui-même obligé de le faire gratuitement, suivant le tarif fixé pour tout le pays ;

4° Il vérifie les décès lorsqu'il n'y a pas d'inspecteur spécial des morts, gratuitement chez les pauvres, et selon la taxe établie chez ceux qui ont de l'aisance ;

5° Il étudie attentivement les modifications de l'état sanitaire de la ou des communes et les causes qui les produisent, de façon à proposer la suppression des influences nocives qui peuvent survenir ;

6° Il entreprend gratuitement les enquêtes de police sanitaire et autres affaires du même ordre ; mais, pour les questions médico-légales dans lesquelles son concours est requis par le tribunal compétent, il est rémunéré suivant le tarif fixé ;

7° Il coopère aux sauvetages ;

8° Il s'occupe de toutes les questions que l'un ou l'autre des lois ou des statuts placent dans ses attributions ;

9° Il rédige un compte rendu sanitaire trimestriel et donne connaissance immédiate et circonstanciée à son supérieur compétent de toutes les affaires d'hygiène qui se présent, ainsi que des expertises de police sanitaire et de médecine légale.

Dans les questions purement spéciales, il correspond sans intermédiaire avec le médecin d'arrondissement.

Art. 146. — Toute commune comptant au moins 1,500 habitants est tenue de nommer une sage-femme.

Les communes qui n'ont pas ce chiffre de population peuvent entretenir en commun une sage-femme communale.

Art. 147. — La commune choisit sa sage-femme sur la liste de candidatures dressée par la Commission sanitaire communale; cette charge est permanente.

Les mêmes mesures disciplinaires sont applicables à la sage-femme qu'aux autres fonctionnaires communaux.

La commune fixe, avec l'autorisation du municipe, les émoluments annuels de la sage-femme.

Art. 148. — Il est du devoir de la sage-femme d'accoucher gratuitement toutes les femmes sans ressources, et, d'après des honoraires fixés par la commune, celles qui ont des ressources.

Art. 149. — Dans les communes qui possèdent en propre un médecin, une commission sanitaire doit être formée.

Dans les autres, c'est le président de la commune qui en tient lieu.

Sont membres de la Commission sanitaire communale : le médecin de la commune, le vétérinaire, le pharmacien; puis les ecclésiastiques, notaires et instituteurs, et enfin au moins trois personnes instruites demeurant dans la commune et nommées par le corps représentatif communal.

La Commission choisit son président dans son sein.

Art. 150. — La Commission sanitaire communale est un corps consultatif qui, dans la règle, n'est en rapport qu'avec le Conseil communal ou le président de la commune correspondante, et, par leur intermédiaire, avec l'autorité de première instance.

Art. 151. — En temps d'épidémie grave, elle se constitue en qualité de Commission locale des épidémies et coopère à l'exécution des mesures préventives nécessaires. En temps d'épidémie, des commissions sanitaires doivent être instituées dans les communes qui n'en possèdent pas.

Art. 152. — Rentrent dans les attributions de la Commission sanitaire communale les affaires suivantes :

a) Elle donne son avis dans les questions sanitaires qui lui sont renvoyées par le Conseil communal ou le président de la commune.

b) Elle rend compte de l'exécution des prescriptions concernant l'hygiène locale, la propreté publique, la vaccination, la vérification des décès, l'inspection de la viande et l'examen des denrées alimentaires et boissons; elle signale de même les défectuosités reconnues dans la recherche, la surveillance et, éventuellement, le traitement des aveugles, des aliénés non placés, des idiots, sourds-muets, infirmes, enfants trouvés et enfants remis à des nourrices.

c) Elle donne son préavis sur les nominations aux places de médecin de commune, de médecin de l'hôpital communal et de sage-femme communale.

CHAP. II. — SERVICE SANITAIRE DES MUNICIPALITÉS.

Art. 153. — Les municipalités des comitats, des villes, des districts, des sièges et des territoires pourvoient aux affaires que la loi actuelle met dans leur compétence et assurent l'exécution des instructions et ordonnances prescrites par le ministre de l'Intérieur en vertu des lois.

Art. 154. — Le cercle d'action de la municipalité et de ses agents dans les affaires d'hygiène est délimité comme suit :

Attributions du chef d'arrondissement et des agents ayant le même cercle d'action comme représentant l'autorité de première instance pour les affaires d'hygiène :

a) Ces fonctionnaires portent leur attention sur toutes les circonstances qui influent sur la santé publique et font des prescriptions dans la limite de leur compétence et en se basant, en tant que cela est possible, sur les expériences faites ; lorsque les mesures à prendre dépassent leur compétence, ils adressent à ce sujet leurs observations ou leurs propositions aux autorités supérieures.

b) Ils surveillent dans leur ressort l'exécution des instructions de police sanitaire concernant les rues, routes, places, lieux de réunions publiques et la prostitution ; ils veillent en outre à l'observation des prescriptions sanitaires concernant les établissements d'instruction, les fabriques, les industries, les habitations, les vidanges, les égouts et puisards, les cours d'eau, les eaux stagnantes, les eaux potables, les denrées et les substances alimentaires, les boissons spiritueuses et autres, l'inspection de la viande, les vases culinaires ou autres, les établissements de bains, les tueries et voiries ; ils font les prescriptions nécessaires pour faire disparaître les défectuosités qui y ont été constatées.

c) Ils veillent à ce que partout, dans leur ressort, les malades et les femmes en couches reçoivent les soins nécessaires, ainsi que les personnes en danger de mort subite, et font répandre l'instruction spéciale pour les cas d'accidents.

d) Ils procèdent au recensement des enfants trouvés, sourds-muets, aliénés, idiots et enfants en nourrice de leur ressort, surveillent l'alimentation et les soins qu'on leur donne, ainsi que le traitement des malades indigents, et font à ces divers propos des règlements en rapport avec les besoins locaux.

e) Ils coopèrent à la visite des pharmacies situées dans leur ressort (§§ 156, 162).

f) Ils prescrivent les autopsies de police sanitaire nécessitées par des motifs d'ordre public (§ 3, alinéa *c*).

g) Ils accordent l'autorisation de transporter les cadavres d'un cimetière de la commune ou de la ville dans l'autre (§ 157, alinéa *g*) ; d'une commune de l'arrondissement dans une autre, et dans un autre arrondissement placé dans le ressort de la même municipalité.

h) Ils donnent leur préavis relativement à l'autorisation de fabriquer des eaux minérales artificielles.

i) Ils autorisent la création d'officines chirurgicales.

k) Ils prennent des arrêtés sur toutes les questions qui ont été réservées d'une façon générale dans la première partie de la présente loi à l'autorité, en tant du moins que la deuxième partie de cette loi ne semble pas désigner un autre agent qu'eux.

l) Ils pourvoient à toutes les affaires qui leur sont confiées par la loi ou un statut quelconque.

m) Ils sont tenus de paraître en personne dans les communes, de prendre personnellement connaissance des circonstances et des besoins de la localité, afin de pouvoir faire les prescriptions nécessaires, enfin de contrôler personnellement l'exécution de leurs arrêtés.

Recours contre leurs arrêtés peut être porté devant le premier fonctionnaire de la municipalité.

Art. 155. — L'agent spécial du chef d'arrondissement comme autorité de première instance est le médecin d'arrondissement, dont l'avis doit toujours être réclamé préalablement.

La nomination du médecin d'arrondissement s'effectue de la même façon que celle du médecin en chef de municipalité (§ 161). Sous le rapport disciplinaire, on doit lui appliquer les mêmes lois qu'aux autres fonctionnaires des municipalités.

Le médecin est tenu d'établir son domicile dans son arrondissement.

Les fonctions de médecin d'arrondissement sont remplies : dans la capitale, par les médecins des arrondissements ; dans les villes munies du droit de juridiction, par les médecins municipaux ; **dans celles pourvues d'une administration municipale organisée, par les médecins communaux.**

Les médecins d'arrondissement de la capitale, de même que les médecins municipaux dans les **villes ayant droit de juridiction, remplissent en même temps le rôle de médecin communal.**

Art. 156. — Le cercle d'action du médecin d'arrondissement est le suivant :

a) Il surveille toutes les affaires sanitaires, et dans ses rapports à l'autorité de première instance il signale les vices reconnus et aide à les faire disparaître.

b) Il surveille les conditions sanitaires des habitations en construction et propose les mesures de précaution nécessaires pour l'arrangement, le déplacement et la vente de produits industriels et manufacturés dangereux pour la vie et la santé.

c) Il surveille les établissements de santé et de bienfaisance privés et publics qui se trouvent dans son ressort.

d) Il surveille les conditions sanitaires de l'approvisionnement public, notamment la qualité des aliments, denrées et boissons.

e) Il surveille l'exécution des ordonnances relatives aux enfants trouvés et aux enfants confiés à des nourrices.

f) Les établissements de bains et les eaux minérales de son ressort font aussi l'objet de son attention.

g) Il surveille le traitement des malades indigents.

h) Il pourvoit à la vaccination et à la conservation du vaccin, d'une année à l'autre.

i) Il déclare immédiatement les maladies épidémiques et contagieuses à l'autorité de première instance et, délégué par elle ou même de son chef, dans les cas urgents, il se rend sur les lieux et fait des prescriptions suivant l'esprit des règlements en vigueur.

j) Il inspecte les écoles primaires au point de vue sanitaire.

k) Il a la charge des expertises de police médicale et des autopsies médico-légales, il entreprend ces dernières suivant des honoraires fixés.

l) Il surveille la façon d'exécuter la vérification des décès et donne ses renseignements aux inspecteurs des morts qui ne sont pas médecins.

m) Il prend part à la visite des pharmaciens qui se trouvent dans son ressort (art. 154 et 162) et il peut être délégué aux commissions de recrutement.

n) Il surveille le trafic et la manipulation des substances vénéneuses et médicamenteuses.

o) Il donne avis au physikus des médecins nouvellement établis.

p) Dans maintes communes (§ 142) il remplit les attributions de médecin communal.

q) Il prend soin de toutes les affaires qui lui sont confiées en vertu d'une loi ou d'un décret quelconque ou de celles pour lesquelles il reçoit délégation en cas d'empêchement du physikus.

r) Tous les trois mois il adresse, par l'intermédiaire de l'autorité de première instance, au premier fonctionnaire du municipe, un rapport sanitaire sur le territoire où il opère.

Dans les questions spéciales, il correspond directement avec le physikus.

Art. 157. — Attributions du premier fonctionnaire de la municipalité :

a) Il veille à ce que les prescriptions sanitaires soient strictement appliquées et exécutées dans toute l'étendue de la ville par les agents qui lui sont subordonnés.

Dans ce but il prescrit la remise de rapports périodiques ou de rapports sur chaque fait particulier, et, lorsque les circonstances l'exigent, il se rend de temps à autre dans l'une ou l'autre des communes pour procéder à des enquêtes et se renseigner par lui-même.

b) Il prend des arrêtés nécessaires pour empêcher l'agglomération d'un grand nombre d'individus dans de petits logements.

A Budapest, c'est le conseil municipal qui est compétent à cet égard ; le recours contre ses décisions doit être porté devant le conseil des travaux publics et, lorsqu'il y a désaccord entre les deux, le ministre peut être saisi de la question.

c) Il constate l'existence ainsi que l'extinction d'une épidémie, fait les prescriptions nécessaires à cet égard comme à la prophylaxie des affections endémiques et à leur limitation possible.

d) Il provoque l'inspection sanitaire des établissements d'instruction, des pharmacies, des prisons des communes et de l'État.

e) Il ordonne la fermeture des écoles dans les cas prévus aux §§ 33 et 34.

f) Il surveille les établissements publics et privés de santé et de bienfaisance qui se trouvent sur le territoire du municipe.

g) Il autorise le transport des morts dans un autre municipe et à Budapest ; en outre, le transport d'un cimetière de la capitale à un autre.

h) Il autorise les médecins à tenir une pharmacie portative (§ 135) et installe un gérant pour les pharmacies dans le cas prévu par le § 135.

i) Il nomme le personnel médical des hôpitaux communaux.

k) Il fait les prescriptions suivant l'esprit du § 144, touchant le domicile, les émoluments et la nomination des médecins de cercle, et il délimite les circonscriptions de vaccinations (art. 162).

l) Il autorise la perception des taxes spéciales dans les stations balnéaires, fait les prescriptions nécessaires pour que les malades indigents puissent prendre les eaux minérales (art. 106), et donne les concessions pour la fabrication des eaux minérales artificielles.

m) Il agit d'office dans toutes les affaires confiées à sa compétence par une loi ou un statut.

n) Il décide, en deuxième instance, à l'égard des recours qui lui sont adressés relativement à des actes de l'autorité de première instance.

Contre ces dernières décisions, ainsi que contre ses décisions propres, recours peut avoir lieu devant la Commission administrative.

Art. 158. — Les parties ne peuvent adresser de recours au ministre de l'Intérieur contre les décisions prises en deuxième instance par la Commission administrative que lorsqu'elles sont en contradiction avec celles de première instance.

Les parties n'ont pas de recours contre les décisions jugées en troisième instance par la Commission administrative, mais la Commission a néanmoins le droit d'en appeler au ministre de l'Intérieur, si la chose lui paraît dans l'intérêt de l'État.

Le comès a le droit, lorsque l'intérêt public le réclame, d'adresser au ministre de l'Intérieur un rapport sur toute décision de la Commission administrative.

Art. 159. — Attributions de l'Assemblée générale du municipe :

a) Relativement aux questions d'hygiène, elle peut faire des règlements dans les limites de la présente loi et en tenant compte des dispositions de la loi XLII de 1870 et de la loi XXXVI de 1872, §§ 6 à 8.

b) Après avoir entendu les agents correspondants elle prend des arrêtés en vue du drainage et de l'assèchement des marais et marécages dangereux pour la santé, des plantations et de l'introduction d'un système de canalisation ou de tout autre système le rapportant aux égouts.

c) Elle promulgue les diplômes du personnel médical et des sages-femmes; en l'absence du diplôme, elle leur refuse l'établissement ou, s'il y a lieu, leur refuse définitivement le droit de pratiquer.

d) Elle délimite les circonscriptions sanitaires et fixe les émoluments des médecins de communes et de cercles, et elle donne son approbation aux honoraires des sages-femmes (§§ 142, 144, 147).

e) Elle s'efforce de rendre possible dans les communes la nomination de sages-femmes diplômées.

Contre les prescriptions de l'assemblée générale un recours peut être adressé au ministre de l'Intérieur, sauf dans les cas désignés au point *e*, pour lesquels il n'y a pas lieu à recours.

Relativement au paragraphe *b*, pour ce qui concerne la capitale de Budapest, les dispositions de la loi X de 1870 restent aussi en vigueur.

ART. 160. — Les premiers fonctionnaires, les municipalités des municipes et les assemblées générales font des prescriptions en matière d'hygiène, dans la règle, après consultation préalable d'experts; c'est dans ce but que sont institués auprès des municipalités les physiker et les commissions sanitaires.

ART. 161. — Les physiker sont nommés conformément à la loi XLII de 1870, §§ 65 à 68, sur l'organisation des municipes, mais après consultation préalable de la Commission sanitaire du municipe.

Au point de vue disciplinaire, les mêmes lois leur sont applicables qu'aux autres fonctionnaires municipaux. Le physikus est rapporteur pour les questions d'hygiène dans la Commission sanitaire.

ART. 162. — Le physikus a, en ce qui concerne la surveillance de la totalité du territoire du municipe, le même champ d'attributions que le médecin d'arrondissement dans son arrondissement. En outre :

a) Il veille à ce que les vaccinations soient convenablement pratiquées par les médecins d'arrondissement et de commune, et à ce que le vaccin soit conservé d'une année à l'autre.

Il adresse au sous-gouverneur du comitat des propositions relatives à la délimitation des circonscriptions vaccinales.

b) Il propose les mesures prophylactiques contre les épidémies locales et les affections contagieuses.

c) En cas d'épidémies et d'affections contagieuses, il se rend, autant que possible, sur les lieux et propose les mesures de précaution et de traitement convenables; s'il y a du péril à différer, il prescrit le nécessaire sous sa propre responsabilité, en se conformant aux lois et ordonnances en vigueur, et expose ses mesures au sous-gouverneur du comitat ou au bourgmestre.

d) Il surveille tout le personnel médical et sanitaire qui se trouve dans son ressort.

e) Il examine, vise et enregistre les diplômes des médecins et sages-femmes qui s'établissent et en donne avis pour promulgation au municipe; en cas d'insuffisance de ces diplômes, il indique la procédure à suivre; il fournit l'instruction nécessaire aux femmes qui désirent s'occuper d'accouchements.

f) Il fait des propositions pour mettre fin à l'exercice illégal de la médecine, aux coutumes nuisibles à la santé, à la superstition et aux préjugés, et, dans le cas d'urgence, il édicte aussitôt les prescriptions nécessaires.

g) Il contrôle, au point de vue médical, le traitement des malades indigents qui doivent être soignés sur les fonds publics.

h) Il inspecte les conditions sanitaires des établissements d'instruction, des prisons de communes et d'État, des hôpitaux, des établissements publics ou privés et des officines qui se trouvent sur le territoire du municipe (§§ 154-156).

i) Il peut être délégué pour coopérer aux travaux des Commissions de recrutement.

k) Il dirige les expertises de police médicale et les autopsies médico-légaales, ces dernières suivant un tarif établi.

l) Il adresse mensuellement un rapport sanitaire à la Commission administrative.

m) Et, plus généralement, il pourvoit à toutes les questions que la loi ou le statut place dans sa sphère d'activité.

ART. 163. — Dans chaque municipe, il est formé une commission sanitaire dont les membres sont :

En outre des physiker, tous les médecins et vétérinaires de l'État, le médecin en chef du bataillon des houveds, un ingénieur, un architecte et un pharmacien ; les autres membres en nombre égal sont des membres de la Commission municipale.

La Commission administrative nomme son président parmi ces derniers.

La Commission administrative désigne l'ingénieur, l'architecte et le pharmacien.

Les membres de la Commission municipale sont élus comme membres de la Commission sanitaire pour l'assemblée générale.

Ces membres donnent leur démission tous les trois ans au moment du renouvellement de la Commission municipale, mais ils peuvent être réélus s'ils sont restés membres de cette dernière.

A Budapest, la Commission sanitaire doit être constituée conformément à la loi XXXVI de 1872.

ART. 164. — La Commission sanitaire est un corps consultatif et ayant droit d'initiative; dans la règle, elle ne correspond qu'avec l'autorité que ses affaires concernent.

Dans les épidémies graves, la Commission sanitaire se constitue en Commission des épidémies, dont le sous-gouverneur du comitat ou, suivant les lieux, le bourgmestre ou son délégué, prend la présidence; ainsi constituée, la Commission des épidémies a le droit d'ordonner et d'exécuter, s'il y a lieu, les mesures prophylactiques nécessaires, et entre en rapport direct avec le ministre de l'Intérieur et les autres autorités.

A Budapest, en qualité d'auxiliaires de cette Commission des épidémies, peuvent être formées, sous la présidence des présidents d'arrondissements, des commissions locales d'épidémies, dont les attributions sont délimitées, à chaque occasion et suivant la nature et la gravité des épidémies, par la Commission des épidémies du municipe.

CHAP. III. — AUTORITÉS CENTRALES.

ART. 165. — Le ministre de l'Intérieur a sous sa direction toute l'hygiène publique et fait au Parlement un rapport annuel sur l'état sanitaire du pays.

ART. 166. — Les médecins permanents du département sanitaire de ce ministère jouissent des mêmes droits et des mêmes émoluments que les autres fonctionnaires de l'État.

Art. 167. — Le ministre de l'Intérieur exerce la haute surveillance; il prend des arrêtés, décide en dernière instance sur les recours, édicte des règlements et accorde des concessions dans toutes les affaires que la présente loi met dans sa compétence.

Art. 168. — Le ministre de l'Intérieur peut, pour toute question sanitaire et dans tout lieu, déléguer des commissaires du Gouvernement chargés d'assurer l'exécution des prescriptions qu'il a prises, conformément à la présente loi.

Art. 169. — Un corps consultatif et ayant droit d'initiative, dans lequel toute spécialité importante doit être représentée, est instituée pour traiter scientifiquement des questions sanitaires.

Ce corps est dénommé Conseil général de santé. Les membres de ce conseil ne sont pas des fonctionnaires; ils donnent uniquement leur avis sur les affaires sanitaires, mais ne sont pas chargés de la décision et de l'exécution des affaires administratives.

Le Ministre peut, dans les questions sanitaires, consulter aussi d'autres corporations techniques et scientifiques.

Art. 170. — Le rôle du Conseil de santé est le suivant :

1° Donner son avis sur les questions qui lui sont transmises par le Gouvernement;

2° Proposer des mesures pour améliorer l'hygiène publique, empêcher les maladies infectieuses, contagieuses et épidémiques et plus généralement faire progresser et réglementer les affaires de l'art vétérinaire concernant la pharmacie, les stations balnéaires et la médecine légale ;

3° Agir comme arbitre suprême dans les affaires médico-légales qui lui sont renvoyées ;

4° Donner son avis sur les fautes commises par les médecins dans l'exercice de leur profession ;

5° Dresser la liste des propositions pour la nomination aux divers emplois médicaux ressortissant au service de l'État;

6° Rédiger la pharmacopée et établir la taxe officielle des médicaments.

Art. 171. — Après la mise en vigueur de la loi actuelle, le Conseil de santé sera organisé de la façon suivante : un président, un vice-président, un secrétaire, douze membres ordinaires, outre des membres extraordinaires en nombre illimité.

Les rapporteurs sanitaires des divers ministères prennent part aux délibérations en qualité de membres ordinaires.

Le Conseil de santé élit son secrétaire lui-même.

En dehors du cercle du Conseil de santé, des experts permanents peuvent être aussi appelés aux délibérations et, avec l'autorisation du Ministre, être également chargés de certains travaux.

Sa Majesté nomme le président du Conseil de santé, sous le contreseing du ministre de l'Intérieur, sur une liste de trois noms, proposée par les membres du Conseil; le vice-président et les autres membres sont nommés par le ministre de l'Intérieur.

Art. 172. — Les fonctions du président et du secrétaire durent six ans; au bout de ce temps, ils peuvent être renommés ou réélus.

Un tiers des douze autres membres, désigné par le sort, se trouve sortant au bout de chaque période triennale; les membres sortants sont immédiatement rééligibles.

Art. 173. — Les dépenses du Conseil sont établies sur la proposition du Gouvernement à l'occasion de la présentation du budget.

Art. 174. — Le Conseil de santé dépend du ministère de l'Intérieur et correspond sans intermédiaire avec lui, sauf dans les questions de vétérinaire et de privilège avec le ministère du Commerce, dans les cas de surarbitrages médico-légaux et les consultations sur des fautes personnelles avec les tribunaux royaux compétents.

Le Conseil fixe lui-même son ordre du jour et la marche de ses délibérations, il les soumet au ministre de l'Intérieur.

Art. 175. — A partir de l'entrée en vigueur de la présente loi, seront abrogés toutes les lois ou statuts en opposition avec elle.

Art. 176. — Le ministre de l'Intérieur fixera l'époque où la loi actuelle entrera en vigueur et est chargé de son exécution.

RAPPORT DE MISSION

PAR

M. BECHMANN

CHEF DU SERVICE TECHNIQUE DE L'ASSAINISSEMENT, DÉLÉGUÉ DE LA VILLE DE PARIS

EXPOSE GÉNERAL.

Le 8ᵉ Congrès international d'hygiène et de démographie s'est tenu du 2 au 9 septembre 1894 dans la ville de Budapest.

Il n'a pas réuni moins de 2,400 adhérents et a donné lieu, tant de la part de la Municipalité que des membres du Gouvernement hongrois, à des fêtes et à des réceptions qui lui ont attribué le caractère d'une véritable solennité.

Les gouvernements, les villes, les sociétés d'hygiène, de médecine, de statistique, etc., y avaient envoyé de très nombreux délégués. Le Comité local avait eu l'heureuse idée d'y annexer une exposition scientifique qu'il a su, d'ailleurs, limiter sévèrement aux choses de l'hygiène.

Suivant l'usage constant, la masse des congressistes s'est répartie pour le travail commun en un certain nombre de sections. On en compte cette fois 26, dont 7 pour la démographie et 19 pour l'hygiène, dans laquelle on avait compris pour la circonstance les questions de sauvetage et d'assistance charitable et jusqu'à la pharmacie. L'École polytechnique et les vastes bâtiments de l'Université se prêtaient d'ailleurs à cette division, et toutes les sections ont pu y tenir simultanément leurs séances.

Quant à l'exposition, elle occupait six vastes salles et débordait jusque dans une cour où l'on avait placé les étuves à désinfection et d'autres appareils encombrants.

Le nombre des communications annoncées dans les sections d'hygiène dépassait le chiffre de 500 ; et, pour chaque jour, après les séances qui avaient lieu de neuf heures du matin à deux heures de l'après-midi, on avait prévu des visites aux établissements les plus intéressants de la ville et des environs, sans compter des excursions plus lointaines, si bien qu'il fallait constamment opter entre plusieurs modes d'emploi du temps. C'est assez dire qu'il y avait impossibilité matérielle à suivre le congrès dans toutes ses manifestations, de participer effectivement à tous ses travaux. Chacun a dû se limiter à sa spécialité ; et encore, pour ne rien manquer de ce qui dans cette spécialité même présentait quelque intérêt, devait-on s'astreindre pendant toute la durée du Congrès à une tension d'esprit, à des efforts continuels, qui ne tardaient pas à provoquer une fatigue réelle.

Président honoraire de la 8e section (hygiène des villes), chargé de deux rapports à présenter à cette section, je me trouvais nécessairement obligé de prendre une part assidue à ses travaux : c'était au reste celle qui, à tous égards, devait fixer plus particulièrement mon attention. Grâce à une connaissance suffisante des langues allemande et anglaise, les seules qui aient été usitées au Congrès en dehors du français, j'ai pu y suivre d'une manière très complète le cours des discussions auxquelles j'ai même pris bien souvent une part des plus actives.

Dès lors, j'ai cru devoir restreindre au champ de l'hygiène des villes mon intervention dans les travaux du Congrès. Parmi les visites et les excursions auxquelles je pouvais prendre part, j'ai toujours fait choix de celles qui rentraient dans ce cadre spécial ; et le temps qui m'est resté pour l'étude de l'Exposition, dont la durée était strictement limitée à celle du Congrès lui-même, s'est trouvé si court que là aussi je n'ai pu en étendre le champ en dehors de ce qui concerne l'assainissement urbain. C'est donc au seul point de vue de l'hygiène des villes que je me placerai dans la suite de ce rapport.

Quoi qu'il en soit, je n'ai pas manqué de me tenir au courant de ce qui se passait dans les sections voisines appelées à traiter des questions ou analogues ou connexes, d'assister aux séances solennelles d'ouverture et de clôture, ainsi qu'à l'assemblée générale où ont été examinés les divers projets de résolutions. Ma double qualité de délégué de la ville de Paris et de chef de son service d'Assainissement m'a valu d'ailleurs une considération toute particulière ; et, à ce titre, j'ai été appelé à faire partie provisoirement d'abord, puis définitivement, du Comité permanent international des congrès d'hygiène, qui a été reconstitué à Budapest et compte désormais six Français, trois hygiénistes et trois démographes, sur un total de 39 membres.

Le Comité permanent international, délibérant en langue française, a élaboré un règlement fixant ses propres attributions et celles du Comité local pour chaque session. Pour certaines dispositions de ce règlement, que l'assemblée générale a sanctionné dans la séance de clôture, il s'est efforcé de mettre fin à des abus qui pourraient compromettre le succès des congrès futurs, et notamment à l'accroissement indéfini du nombre des membres et de celui des questions traitées : désormais il faudra, pour être membre du Congrès, prouver qu'on s'occupe habituellement des choses de l'hygiène, et le Comité permanent aura le droit d'intervenir dans la préparation des programmes de manière à pouvoir élaguer les branches parasites qu'on est trop souvent tenté d'y introduire. Enfin, sur l'invitation officielle du Gouvernement espagnol, il a été décidé que la prochaine réunion aurait lieu à Madrid.

L'HYGIÈNE DES VILLES.

I. — Travaux de la VIIIe Section.

Parmi les questions abordées par la 8e section, il en est deux qui primaient toutes les autres par l'intérêt qu'elles présentaient : posées par le Comité d'organisation lui-même, qui avait provoqué des communications de la part des spécialistes les plus connus, elles avaient trait aux résultats acquis dans les dix dernières années en ce qui concerne les égouts et dans les dernières décades pour l'alimentation des villes en eau potable. J'avais accepté de présenter deux rapports sur ces deux questions, ainsi que MM. Berger, directeur des travaux de la ville de Vienne ; Lindley, ingénieur en chef de la ville de Francfort ; Badjivid, de Cracovie ; Jacobi, de Berlin. La question des eaux devait, en outre, faire l'objet d'un rapport de M. l'ingénieur Oesten, de Berlin ; mais ni M. Oesten, ni MM. Jacobi et Badjivid ne se sont présentés, et il n'a pas été donné lecture de leurs communications. M. Berger s'était placé au point de vue spécial de la ville de Vienne, dont il a exposé la situation actuelle, en passant en revue les phases antérieures par lesquelles y a passé l'alimentation d'eau et indiquant les projets en cours de réalisation pour l'assainissement : je reviendrai plus loin à cette intéressante monographie. M. Lindley avait entrepris également de présenter les résultats obtenus dans les deux villes dont il a eu à diriger les travaux, Francfort et Varsovie ; mais, au cours de son travail, il s'est livré à des considérations d'ordre général qui en ont élargi le cadre et augmenté la portée. Seul j'avais pris les deux thèmes dans le sens le plus étendu et tenté de présenter des conclusions d'un ordre élevé, de nature à résumer et préciser l'état actuel de la science au sujet de ces deux questions, dans lesquelles se concentre presque toute l'hygiène urbaine. Je ne reproduis pas ici les deux rapports dont j'ai donné lecture à la section et me borne à en rappeler les conclusions qui avaient été imprimées par les soins du Comité et distribuées en temps utile pour servir de base à la discussion.

Eaux.

I. — La grande découverte de Pasteur et l'intervention désormais nécessaire de l'analyse micrographique sont venues justifier la préférence instinctive des populations pour les eaux souterraines.

15

II. — Les sources sont en conséquence plus recherchées que jamais, en même temps que·des progrès considérables ont été réalisés dans les procédés de captage des eaux de nappes.

III. — L'obligation de recourir quand même, dans bien des cas, aux eaux de superficie a provoqué l'étude approfondie des conditions de fonctionnement des filtres et l'apparition de systèmes perfectionnés d'amélioration des eaux.

IV. — L'emploi de l'eau en abondance dans les maisons a déterminé des améliorations notables dans les modes de distribution, c'est ainsi que les hautes pressions se généralisent, que le système intermittent tend à disparaître, ainsi que les réservoirs particuliers, les appareils de jauge, etc. Le gaspillage est efficacement combattu par l'application systématique des compteurs.

Égouts.

I. — Le système de l'entraînement de toutes les eaux usées par circulation dans un réseau unique d'égouts reste habituellement préféré et préférable à tous autres dans le cas général.

II. — Les systèmes séparés et les divers types de canalisations spéciales n'ont guère progressé depuis dix ans : ils n'ont reçu que des applications restreintes et semblent devoir être réservés pour certains cas particuliers.

III. — Les canalisations de petit diamètre, disposées pour le curage automatique, tendent à remplacer avantageusement les galeries étroites et surbaissées, trop souvent admises autrefois pour la confection des égouts élémentaires.

IV. — L'épuration des eaux d'égout devient chaque jour une nécessité plus impérieuse : parmi tous les procédés pour la réaliser, l'épandage sur un sol perméable conserve son incontestable supériorité.

V. — Les taxes spéciales d'assainissement appliquées dans quelque villes peuvent servir dans bien des cas à créer, sans grever les habitants, les ressources applicables aux améliorations sanitaires.

Sur les cinq longues séances qu'a tenues la 8ᵉ section on peut dire que trois ont été à peu près entièrement consacrées à ces deux questions, aux rapports qui les concernaient, et aux discussions qui ont suivi.

L'impression qui s'en est dégagée d'une façon bien nette, c'est assurément que l'ère des luttes passionnées a pris fin ; l'accord s'est fait entre les hygiénistes de tous les pays sur les principes primordiaux, les doutes qui subsistaient encore aux congrès de Vienne en 1887, de Londres en 1891, ont fait place à un consensus général essentiellement favorable aux applications que l'on entreprend de toutes parts et qui ne manqueront pas d'aller se multipliant au grand profit de la salubrité. Ainsi les considérations développées par M. Lindley n'étaient que la paraphrase de quelques-unes des propositions contenues dans mes propres conclusions, auxquelles il a du reste déclaré à plusieurs reprises se rallier de la façon la plus complète. Et quand, venant à parler de la double canalisation d'eau établie à Francfort comme à Paris, il a exposé les raisons qui d'après lui doivent la faire arrêter au seuil des habitations, afin que le consommateur n'ait à sa portée que de l'eau salubre, bonne pour la boisson, à l'abri du soupçon, il s'est trouvé sans le savoir reproduire naturellement une thèse que j'avais soutenue moi-même en 1891 au congrès de Londres et qui avait réuni tous les suffrages.

A peine a-t-il été dit quelques mots au sujet de l'épuration chimique des eaux d'égout et personne n'a contesté la supériorité désormais absolument incontestée de l'épandage agricole.

Sur un seul point il s'est produit une tentative de contradiction qui d'ailleurs n'a guère eu de succès : les systèmes séparés, proposés pour l'évacuation des eaux usées, et dont je constatais l'échec sur toute la ligne, ont trouvé encore quelques rares défenseurs. Si personne n'a pris la parole en faveur des systèmes Waring et Berlier, le système Liernur que je déclarais mort avec son auteur et l'application des élévateurs Shone, que je me refusais à considérer comme un système digne de ce nom, ont donné lieu à l'intervention de quatre ou cinq membres de la section. L'ingénieur de la ville d'Arad (Hongrie), qui vient d'installer un réseau d'égouts avec élévateurs Shone, M. Paretz, un conseiller municipal de cette ville, M. le docteur Schuster et le représentant de la maison anglaise Shone, M. Ault, ont en vain exposé les mérites de cette application ; ils n'ont pu ébranler une conviction évidemment partagée par la presque unanimité des assistants. Quant au système Liernur qu'un ingénieur hollandais, M. Sijmons, a préconisé pour les résultats obtenus dans un quartier d'Amsterdam à cause surtout de l'infime quantité d'eau qu'il exige, et que M. le docteur Detcherew, conseiller municipal de Saint-Pétersbourg, présentait comme seul applicable dans la capitale de la Russie, il a trouvé des adversaires résolus dans un autre Hollandais, M. de Jonghe, ingénieur en chef de la ville de Rotterdam, et un autre Russe, M. de Kontkowski, capitaine du génie, chef des services du port et de la ville de Cronstadt, qui ont victorieusement riposté en faisant ressortir les défauts graves, les inconvénients manifestes, les complications d'un mode de canalisation assurément condamné.

On n'en n'est plus du reste aujourd'hui à la théorie ; la pratique a prononcé. A Francfort, par exemple, on a vu reculer la fièvre typhoïde devant le progrès sanitaire, la mortalité due à cette maladie diminuer au fur et à mesure des progrès réalisés ; les courbes remarquables présentées à ce sujet par M. Lindley sont absolument typiques, sur le même diagramme on voit d'une part la progression de l'alimentation en eau de source et des égouts, de l'autre le mouvement de la fièvre typhoïde et, quand l'une monte l'autre descend, comme si elle obéissait à une loi mathématique ; à Varsovie la même recherche donne identiquement les mêmes résultats et les courbes présentent une étonnante similitude avec celles de Francfort. Aussi quand M. le professeur van Overbeck de Meyer (Utrecht), qui s'est depuis longtemps posé en adversaire résolu du tout à l'égout,

a voulu établir « qu'il n'est pas du tout prouvé que la canalisation des villes selon le
« système du tout à l'égout ait été d'une utilité quelconque » au point de vue de
l'abaissement de la mortalité et de l'amélioration de la santé publique, il s'est visible-
ment heurté au sentiment général et n'a point trouvé d'écho.

**

Les autres questions d'ordre général, qui ont été abordées par la 8e section, ne présentaient par contre qu'un intérêt secondaire : aucune d'entre elles n'a donné lieu à une
discussion véritable, et c'est tout au plus si une ou deux observations ont été faites à la
suite de chacune des communications auxquelles elles ont donné lieu. Il convient néanmoins de les passer en revue.

En première ligne je crois devoir citer le travail très consciencieux de M. Stevens
qui, après s'être livré à une enquête personnelle sur les hommes employés dans les
égouts de Londres, est venu apporter au Congrès les résultats de cette enquête : aucun
cas de fièvre typhoïde caractérisée ou de diphtérie, santé générale et durée de la vie
moyenne satisfaisante. Il est curieux de retrouver là, dans un milieu tout différent, des
constatations absolument identiques à celles qui ont été faites de tout temps sur le personnel des égoutiers parisiens, et la confirmation complète des observations déjà bien
vieilles de notre Parent-Duchâtelet.

M. le docteur Kelemen a traité des conditions générales de la salubrité des villes, et
réclamé, en vue de la diminution de la mortalité, des maisons bâties d'une manière
rationnelle, de l'eau pure, de larges places publiques et des plantations.

M. le sénateur Crocq (Bruxelles), un vétéran des congrès d'hygiène, qui s'est pro-
digué cette fois encore, a présenté des communications dans plusieurs sections. A la 8e,
il a parlé de l'utilisation des eaux d'égout et des immondices : tout en reconnaissant la
valeur de l'épuration agricole, il a signalé les avantages de la vidange inodore à vapeur
et du traitement à chaud des matières extraites des fosses pour la production du sulfate
d'ammoniaque sans qu'on ait pu démêler vers quel système se porteraient finalement
ses préférences. Celles de la section n'étaient pas douteuses, mais, en raison du vague
même des conclusions énoncées, peut-être aussi par un sentiment bien naturel de défé-
rence pour le respectable délégué du gouvernement belge, il ne s'est pas élevé une voix
pour les affirmer à nouveau, le silence général qui a suivi constituait par lui-même une
manifestation suffisamment caractérisée.

Un ingénieur civil bien connu à Paris, M. Cacheux, qui s'est particulièrement attaché à la question des maisons ouvrières, a signalé dans une communication dont le titre
— Influence de l'alimentation des villes en eau potable — indiquait assez mal l'objet,
l'intérêt qu'il y aurait à favoriser le plus possible la fourniture de l'eau pure aux habitants pauvres des villes. A ce point de vue, il se déclare l'adversaire du système des

concessions à des compagnies et voudrait que les distributions d'eau fussent des services communaux alimentés par l'impôt.

Enfin, M. le docteur Olah, passant en revue au point de vue de l'hygiène les divers systèmes de revêtement des chaussées, et montrant l'avantage que présentent des matériaux imperméables et résistants, donne la préférence sur tous autres à l'asphalte, dont il rapproche les pavages en grès cérame.

**

Un certain nombre de communications, laissant entièrement de côté les théories, les questions d'ordre général, n'ont eu d'autre prétention que de faire connaître les travaux d'assainissement exécutés dans quelques villes et les résultats qui en ont été la conséquence.

Dans cette catégorie se rangent tout d'abord celles déjà citées de MM. Berger et Lindley.

Le premier, après avoir exposé l'historique des eaux de Vienne depuis 1840, a déclaré que l'achèvement récent des travaux complémentaires de l'aqueduc François-Joseph (1894 — captage de nouvelles sources) en porte le débit journalier à 61,000 mètres cubes en hiver et 104,000 en été. L'annexion des faubourgs a considérablement augmenté les besoins, et à raison de 140 litres par tête et par jour seulement, on estime qu'il faudra, en 1900, 235,000 mètres cubes, en 1920, 336,000. Le supplément d'alimentation nécessaire fait l'objet des études du Service municipal, qui devra choisir entre le captage de nouvelles sources plus éloignées, l'établissement d'une seconde canalisation alimentée par l'eau des graviers du Danube, la construction d'un nouvel aqueduc, ou un traité avec l'entreprise des eaux profondes de Wiener-Neustadt. En ce qui concerne les égouts, la construction en est poursuivie depuis vingt ans déjà avec l'intention de réaliser un réseau complet; mais, jusqu'à présent, ils débouchaient dans la Wien ou le canal du Danube, et l'on vient seulement d'entreprendre l'établissement de collecteurs latéraux à ce dernier cours d'eau, qui y déboucheront à l'aval de la ville, en attendant qu'on donne suite au projet de relever les eaux pour l'irrigation des vastes plaines de Marchfeld.

Francfort-sur-le-Mein, dont M. Lindley a décrit l'outillage sanitaire, possède une alimentation mixte et une double canalisation en eau de source amenée par un aqueduc de 70 kilomètres pour les usages domestiques et en eau de nappe puisée au moyen de petits puits multipliés avec addition éventuelle d'eau de rivière pour le service public et industriel ; les égouts se répartissent entre deux réseaux, l'un aboutissant à des collecteurs hauts qui fonctionnent par simple gravité, l'autre à des collecteurs bas avec usine de relèvement, et tout le débit est conduit à des bassins d'où l'eau mécaniquement et chimiquement clarifiée retombe dans le Mein, en laissant des boues qu'on commence à utiliser pour l'agriculture. A Varsovie, c'est l'eau de la Vistule qui assure l'alimentation après un filtrage systématique par le sable dans de vastes bassins couverts parfaitement organisés pour un fonctionnement régulier.

M. Otto Martin, ingénieur en chef à Budapest, qui dirige sous les ordres de M. le directeur Lechner les travaux de construction des égouts, en a donné une description complète : deux réseaux entièrement distincts — cela va de soi — ont dû être installés sur les deux rives du Danube ; le plus important, celui de la rive gauche (Pest), se divise en trois grands bassins, dont le plus élevé qui correspond à la zone périphérique déversera ses eaux par simple gravité, tandis qu'une usine de relèvement construite près du pont du chemin de fer, à l'aval de la ville, recevra celles des deux autres bassins par l'intermédiaire des grands collecteurs en cours de construction, l'un suivant la ligne des quais, l'autre sous la ligne circulaire des boulevards. Ces collecteurs sont établis absolument sur le type des grands égouts de Paris, avec une cunette médiane bordée de deux banquettes de circulation ; ils seront curés par le même procédé. On a d'ailleurs prévu pour l'avenir, et, dans le cas où le déversement au Danube présenterait quelques inconvénients, l'envoi de toutes les eaux dans des champs d'épandage qu'il sera facile d'établir dans les vastes plaines qui bordent le fleuve à perte de vue.

Il a déjà été question plus haut de la communication de M. Paretz relative à l'application des élévateurs Shone à l'assainissement de la ville d'Arad (Hongrie). Ce mode de drainage a été adopté à la suite d'un concours, et l'on a cru sage de conserver les anciens égouts pour l'écoulement des eaux pluviales, en restreignant l'utilisation du nouveau réseau aux eaux usées des maisons : mais on n'en a pas moins dépensé 31 florins par tête d'habitant, soit 62 francs environ, tandis qu'à Paris, par exemple, la dépense n'a pas excédé, jusqu'à présent, 45 francs. Cette unique application d'un système séparé n'a point paru heureuse et a été vivement critiquée.

Les travaux considérables exécutés à Naples depuis quelques années ont été décrits par M. Montefusco, qui a rappelé l'exécution de la belle distribution d'eau alimentée par les excellentes sources d'Urcioli et sommairement fait connaître les grandes lignes du réseau des égouts conçus dans le système unitaire.

L'amélioration progressive des ouvrages destinés à l'assainissement d'Édimbourg a fait enfin l'objet d'un travail de M. Pollard, que l'on se bornera du reste à signaler.

*
* *

Il n'y a pas lieu de s'arrêter non plus aux communications relatives aux abattoirs qui m'entraîneraient hors de mon cadre et ne m'ont point paru d'ailleurs offrir un bien vif intérêt, ni à celle concernant les puits artésiens en Hongrie, qui a plus de valeur au point de vue technique qu'à celui de l'hygiène. Le « système sanitaire et économique de canalisation » de M. Radiéïne, de Saint-Pétersbourg, qui se réduit à un appareil diviseur rudimentaire déjà exposé à Paris en 1889, mérite à peine d'être cité. La section a fait meilleur accueil au système de filtre en dalles poreuses de M. l'ingénieur Fischer (Worms), qui peut donner lieu à d'utiles applications dans certains cas spéciaux.

II. — QUESTIONS D'HYGIÈNE URBAINE TRAITÉES DANS D'AUTRES SECTIONS.

VIIe Section.

Une des questions traitées dans la 7e section (Hygiène de l'alimentation), celle de l'eau potable, touche directement à l'hygiène des villes, et je crois d'autant moins devoir passer sous silence les communications auxquelles elle a donné lieu que, par une heureuse coïncidence, qui n'a certes pas été fortuite, elles ont abouti à des conclusions tout à fait analogues, pour ne pas dire identiques, à celles que j'ai présentées moi-même à la 8e section, et qui sont mentionnées plus haut.

Parmi ces communications, les plus importantes et les plus remarquées ont été celles de MM. les docteurs Chantemesse et Ballo (Budapest). Ce dernier, après avoir tenté une fois de plus de définir les caractères et la composition d'une eau de bonne qualité, a conclu nettement en faveur des eaux souterraines et réclamé une protection efficace de ces eaux contre les contaminations ; il n'admet les eaux de superficie que comme un pis-aller, c'est pour lui l'*ultima ratio*, et encore sous la double condition d'un filtrage perfectionné et d'un contrôle permanent basé sur des analyses régulières tant chimiques que bactériologiques.

IXe et Xe Sections.

Les 9e et 10e sections (Hygiène des habitations) ont été saisies par M. le professeur Corfield (Londres), appuyé par M. le docteur Pistor (Berlin), d'un projet de résolution important qui touchait sur plus d'un point à l'hygiène des villes et qui était ainsi conçu :

« 1° La salubrité générale de la population est améliorée et le développement des maladies prévenu dans les villes et les habitations par l'enlèvement fréquent des matières usées et la distribution abondante d'une eau salubre.

« 2° Le pavage des rues doit être uni et aussi imperméable que possible afin de faciliter le nettoyage et de prévenir la contamination du sous-sol.

« 3° L'accès de l'air souterrain et de l'humidité dans les maisons doit être empêché toutes les fois que cela sera nécessaire par le moyen d'un plancher imperméable au rez-de-chaussée et d'un enduit isolant dans l'épaisseur des murs.

« 4° Les canalisations intérieures des eaux usées doivent être étanches et chaque tuyau de chute pourvu d'un siphon de pied destiné à empêcher la pénétration de l'air vicié de l'égout ; la ventilation doit y être librement établie.

« 5° Les égouts publics doivent être ventilés de telle sorte que l'air vicié ne puisse se répandre dans les rues ou dans les maisons et nettoyés par des chasses afin d'y prévenir toute accumulation de dépôts.

« 6° La largeur minima des rues doit être de 12 mètres entre les maisons, la hauteur des maisons ne doit pas être supérieure à la largeur de la rue qu'elles bordent, elles ne doivent jamais être construites dos à dos (back to back).

« 7° Des règlements doivent être édictés par l'autorité publique en vue de rendre obligatoire l'application des principes ci-dessus posés. »

L'importance de cette proposition, qui devait être soumise à l'assemblée générale pour être sanctionnée par elle et devenir décision du Congrès tout entier, a motivé une réunion des 8e, 9e et 10e sections; elle a provoqué dans l'assemblée ainsi formée des critiques fort sérieuses qui ont donné lieu à une très vive discussion.

Les ingénieurs allemands, en particulier MM. Lindley et Andréas Mayer, ont énergiquement protesté contre l'exigence du siphon (disconnecting trap) au pied de tous les tuyaux de chute, que dans leur pratique actuelle ils préfèrent laisser en libre communication avec les égouts afin d'en assurer de la sorte la ventilation. D'autres ont combattu les prescriptions relatives aux précautions contre l'humidité en faisant remarquer qu'il serait préférable de prendre des mesures efficaces pour écarter l'humidité elle-même, par exemple au moyen d'un drainage systématique. Enfin je suis intervenu à mon tour pour faire remarquer que le sixième paragraphe condamnait, ou à peu près, toutes les maisons de Paris et que, en conséquence, il m'était impossible de m'y rallier; j'ajoutai que dans une résolution destinée à être votée par le Congrès il me paraissait nécessaire de ne pas introduire des chiffres qui pouvaient n'être pas applicables partout, ni une notion comme celle des maisons dos à dos (back to back) qui n'est compréhensible qu'en Angleterre ou aux États-Unis. Soutenus par les membres anglais, les auteurs de la proposition se refusèrent à la modifier ; mais, constatant l'impossibilité manifeste de la faire passer en présence de l'opposition qu'elle avait soulevée parmi ceux des autres nationalités, ils émirent l'idée de la soumettre à une commission internationale qui ferait à ce sujet un rapport au prochain Congrès.

C'est dans ces termes que la résolution a été adoptée par les sections réunies, soumise à l'assemblée générale et sanctionnée par elle. La Commission internationale a été nommée en même temps, elle se compose de neuf membres, dont deux Français, on m'a fait l'honneur de m'y comprendre avec M. le docteur A.-J. Martin.

III. — Exposition.

L'hygiène des villes formant une des grandes divisions de l'exposition avait été groupée dans l'une des salles qu'on y avait consacrées, seules les villes allemandes n'y figuraient point parce qu'elles faisaient partie de l'exposition collective allemande dont on n'avait pas voulu les distraire.

Les plans et documents envoyés par la ville de Paris occupaient dans la salle spéciale une place d'honneur tout proche de l'entrée et ont été l'objet de l'attention toute particulière des visiteurs. Je me suis efforcé d'ailleurs de fixer cette attention et d'en profiter pour mieux faire connaître et les améliorations réalisées et celles qui se préparent à Paris en organisant une conférence à laquelle j'ai convié les membres des 8e, 9e et 10e sections et qui avait pour but de fournir des explications aussi claires que possible, de faire surtout ressortir l'importance de la réforme qui va s'accomplir par l'application de la loi du 10 juillet 1894 ainsi que du règlement voté depuis longtemps par le Conseil municipal et récemment sanctionné par l'arrêté préfectoral du 8 août dernier.

Vingt-neuf villes avaient pris part à l'exposition et l'ensemble ne manquait assurément pas d'intérêt ; bien qu'il ne révélât point de nouveautés remarquables, il fournissait tout au moins dans un espace restreint, et sous une forme qui en facilitait singulièrement l'étude, de précieux documents sur les progrès de l'hygiène urbaine dans ces dernières années.

Les villes de Budapest et de Berlin en particulier avaient donné à leur participation un développement très important et couvraient une surface considérable ; il est vrai qu'elles y avaient compris un grand nombre de services et que, à côté des documents relatifs à l'alimentation d'eau et à l'assainissement, on en trouvait d'autres qui donnaient, avec plus de détails encore peut-être, la description d'hôpitaux, asiles, établissements de désinfection, bains, etc., etc. Budapest présentait les plans complets de son nouveau système d'égouts, dont M. l'ingénieur en chef Martin a expliqué le principe et le tracé général à la 8e section et dont il a bien voulu me faire visiter les principaux ouvrages, puis aussi ceux de l'usine élévatoire et des filtres alimentant le service d'eau actuel, d'un de ses réservoirs, ceux de sa nouvelle alimentation d'eau basée sur le fonçage de grands puits de prise d'eau dans les graviers du Danube à l'amont de la Ville, près de la localité dite Nouveau-Pest. Berlin avait consacré trente-quatre numéros à la seule description de son système d'égouts et de ses champs d'irrigation, qui sont trop connus pour qu'il y ait lieu d'y revenir ici ; je signalerai seulement quelques spécimens de tuyaux de grès d'une forme bien étudiée et d'une exécution irréprochable, puis les appareils employés pour le curage de ces tuyaux, notamment une brosse circulaire à doubles crochets. Vingt-quatre autres numéros concernaient l'alimentation d'eau et particulièrement les nouveaux établissements du Lichtenberg et du Müggelsee, ces derniers destinés au captage et à l'élévation d'un volume d'eau important dans le lac de ce nom sis au Nord-Est de la ville, avec application d'un mode de filtrage destiné à réaliser une amélioration très complète de cette eau superficielle.

A côté de ces deux belles expositions, je n'ai pu m'empêcher de regretter que la ville de Paris n'ait pu donner à la sienne une pareille ampleur ; elle ne comptait que trente-six numéros, fournis par le seul service de l'Assainissement, auquel aucun crédit n'avait été ouvert pour cet objet et qui avait déjà puisé dans ses réserves provenant tant de l'Exposition de 1889 que de celle de Chicago pour participer cette année aux expositions universelles d'Anvers et de Lyon et à l'exposition d'hygiène de Boulogne-sur-Mer. Son succès n'a pas été moindre cependant, en raison de l'homogénéité et de l'heureux grou-

pement des plans et documents exposés ; le texte imprimé de la loi et du règlement atti-
raient d'abord les regards ; tout autour on trouvait les plans du réseau des égouts parisiens, les sections-types, les appareils de curage, des spécimens de canalisation intérieure
pour le tout à l'égout, puis les plans de Gennevilliers et des nouveaux champs d'épuration, des dessins et des photographies des travaux en cours pour l'aqueduc d'Achères,
les projets d'extension, etc., enfin des types d'assainissement d'établissements municipaux ou départementaux, notamment la maison de Nanterre, l'asile d'aliénés de Ville-
Évrard.

Aucune autre ville n'avait donné à ses envois une pareille importance. Beaucoup
s'étaient contentées de présenter des plans ou des descriptions d'écoles, d'abattoirs, de
cimetières, d'asiles, de fours pour la combustion des ordures ménagères et autres établissements d'hygiène ou d'assistance, et je ne m'y arrêterai pas.

Je signalerai seulement ce que j'ai remarqué en ce qui concerne les distributions d'eau
alimentaire et les modes d'évacuation des eaux usées.

La ville de Hambourg présentait les plans, coupes et élévations des ouvrages de sa
nouvelle distribution d'eau et l'ouvrage récemment publié à ce sujet par son ingénieur
en chef M. Andréas-Mayer. Cette distribution, entreprise à la suite de la terrible épidémie de choléra qui a sévi dans cette ville, a pour base le filtrage de l'eau de l'Elbe par
le sable : l'usine élévatoire, les filtres, un siphon sous un bras de l'Elbe, la canalisation
générale étaient figurés, mais sans détails, sur les dessins exposés.

La nouvelle alimentation de la ville de Venise, moins luxueusement décrite, n'en
offrait pas moins un intérêt plus réel, car la solution adoptée a un cachet incontestable
d'originalité ; l'eau est fournie par un procédé nouveau susceptible sans doute d'autres
applications, elle est puisée à San-Ambrogio, dans une nappe artésienne sise à faible
profondeur, au moyen d'une multitude de petits puits abyssiniens descendus dans les
sables aquifères à travers une épaisseur de dix mètres environ de terrain composé de
couches alternantes d'argile et de sable ; au-dessus de chaque puits un appareil ingé-
nieux assure le déversement de l'eau soit dans l'aqueduc collecteur, soit dans un fossé
d'évacuation si l'aqueduc est plein ; cet aqueduc, à la traversée de la lagune, est constitué par une conduite métallique reposant sur des bois que portent des pilotis ; le réservoir de 1,800 mètres cubes de capacité, avec tranche d'eau de 5 mètres, est porté lui-
même entièrement sur pilotis.

Les plans généraux et les types d'égouts exposés par les villes de Hambourg, Gyor,
Brunn, Odessa, etc., ne sont que des applications de types connus, toutes du système
unitaire qui admet l'ensemble des eaux usées dans un même réseau de conduits avec les
eaux de pluie, et ces conduits sont presque partout des galeries maçonnées, ordinairement
ovoïdes, parfois elliptiques ou circulaires, plus rarement et seulement pour les égouts
élémentaires de simples tuyaux. Le projet exposé par la ville d'Alexandrie (Egypte) et
dressé sur les conseils de M. Hobrecht, directeur des travaux de Berlin, comporte lui-
même un grand collecteur maçonné débouchant à la mer et auquel aboutissent tout un
réseau de galeries et de tuyautages. La ville de Cologne se faisait remarquer entre toutes
par ses plans nombreux et à grande échelle et aussi par le parti pris qui est franchement

analogue aux types de Paris et de Bruxelles ; grand collecteur parallèle au Rhin à cunette médiane et banquettes, égouts affluents presque toujours ovoïdes et en maçonnerie, prolongés par quelques tuyautages ; émissaire final en forme d'aqueduc circulaire de grand diamètre qui aboutit il est vrai à de simples bassins de clarification, mais n'est-ce pas suffisant quand il s'agit de jeter une masse d'eau médiocre en somme dans un fleuve comme le Rhin ?

Des graphiques exposés par la ville d'Odessa, et donnant la mortalité générale et la mortalité spéciale par fièvre typhoïde dans cette ville depuis 1875, montrent que l'une a passé de 31,4 à 25,6 pour 1,000, l'autre de 15,5 à 3 pour 10,000, depuis l'établissement d'une distribution d'eau du Dniester filtrée et d'un réseau d'égouts. C'est encore une confirmation de la loi constatée tant de fois, en dernier lieu à Varsovie après Francfort, et qui ne paraît pas sérieusement contestable.

IV. — Travaux municipaux d'assainissement a Budapest.

Il me reste à décrire les nouveaux travaux d'alimentation et d'assainissement entrepris par la ville de Budapest, dont elle a fait les honneurs aux congressistes, et que grâce à l'obligeance de M. le directeur Lechner j'ai pu visiter dans tous leurs détails.

Eaux.

La distribution d'eau actuelle, au moyen d'eau du Danube filtrée par le procédé anglais, étant depuis longtemps insuffisante, l'établissement d'une nouvelle alimentation a donné lieu depuis de longues années à des études nombreuses, à des projets multiples qui ont finalement abouti en 1892 au choix d'un système de prises d'eau dans les graviers du Danube. Quatre puits de grand diamètre ont été foncés sur la rive gauche en amont de la ville, près du nouveau Pest, en des points désignés par les résultats des sondages préliminaires ; quatre autres dans une île séparée de la rive par un petit bras du Danube et située en amont de l'île Marguerite : un souterrain, percé dans la glaise et en cours d'exécution, doit relier ce second groupe de puits au premier ; des conduites métalliques de 0 m. 35 c. de diamètre posées dans des galeries maçonnées immédiatement au-dessus du niveau de la nappe relient les puits à une chambre centrale d'où part une conduite générale de 0 m. 75 c. de diamètre aboutissant aux pompes. Le bâtiment des machines disposé pour recevoir deux grosses pompes à vapeur Worthington, verticales à compensateur, de 300 chevaux chaque, n'en contient provisoirement qu'une : elle est placée en contre-bas du sol, de manière que l'aspiration ne dépasse point la limite pratique, bien que le plan d'eau s'abaisse de plusieurs mètres dans les puits ; la vapeur est fournie par des chaudières multi-tubulaires. Cette pompe peut monter 30,000 mètres cubes par jour ; quand le souterrain sera terminé et la seconde pompe en service, le débit de l'usine pourra s'élever à 60,000 mètres ; l'exécution de nouveaux puits et l'extension de l'usine, prévue au projet et préparée par l'acquisition de vastes terrains ainsi que dans la disposition des bâtiments, permettra de porter un jour ce débit à 120,000 mètres. L'eau telle qu'elle est fournie par les puits de la rive gauche, seuls en fonctionnement, provient à la fois de la nappe souterraine et du fleuve ; cette dernière provenance doit même prédominer, car la température de l'eau s'élève à 15 ou 16 degrés centigrades, c'est-à-dire notablement au-dessus de celle de la nappe qui correspond à la température moyenne du lieu : c'est donc là une application de la filtration naturelle telle que l'a pratiquée d'Aubuisson en 1825 à Toulouse, sur les bords de la Garonne, et il est à craindre qu'à Pest aussi les pores du filtre ne viennent à s'obstruer peu à peu, et que le débit aille par suite en diminuant ; l'expérience seule tranchera la question. Une conduite de refoulement en fonte, munie à son origine d'une cloche d'air, porte l'eau refoulée par les pompes directement dans le réseau de distribution, de sorte que l'usine fait le service en route et marche sous une pression sans cesse variable.

Égouts.

J'ai indiqué précédemment, d'après la communication de M. l'ingénieur en chef Martin, le système général des égouts adopté à Budapest. Il diffère peu en somme du projet qu'Alfred Durand-Claye, appelé jadis en consultation, avait dressé lui-même pour cette ville. Le grand collecteur général est seul exécuté entre les bâtiments de la douane et l'usine élévatoire à l'aval du pont du chemin de fer : c'est une grande galerie voûtée en plein cintre de 4 m. 60 c. d'ouverture avec une cunette de 2 m. 30 c. de large et deux banquettes de 0 m. 93 c. ; les épaisseurs des maçonneries sont considérables, elles varient de 0 m. 53 c. à 0 m. 80 c., la partie basse est en béton jusqu'au niveau des banquettes, au-dessus c'est de la maçonnerie de briques laissées apparentes et rejointoyées ; le radier est en grès cérame. Le collecteur des quais, plus petit mais du même type, est attaqué à partir de la douane, il sera établi dans un terrain vaseux facile à déblayer, provenant des alluvions du fleuve. Dans les voies parcourues par les collecteurs il sera établi de petits égouts le long des maisons ; on raccorde provisoirement par des tronçons d'égouts neufs, à profil ovoïde, les anciens égouts généralement de formes défectueuses, mal tracés, à radiers plats, etc., en attendant qu'on procède à leur transformation. Des regards sont disposés sur l'axe à 50 mètres d'intervalle pour l'aération en temps normal, pour la projection des neiges en hiver. Les bouches sont pourvues de grilles au niveau de la chaussée, et présentent au-dessous un récipient à fond plein et paroi percée de trous qui retient les solides et laisse passer les eaux sales ; une trappe pendante plongée dans une rigole pleine d'eau forme coupe-air.

A son extrémité aval le grand collecteur général pénètre dans le vaste établissement où se trouve l'usine élévatoire. D'abord il présente un regard à bateau, surmonté d'une remise où sera logé suspendu après avoir été divisé en deux parties le bateau-vanne destiné au curage et qui reproduit à peu de chose près la disposition imaginée par Belgrand pour les collecteurs de Paris. Immédiatement après vient une chambre à sable, où seront retenues les matières lourdes, qu'une petite drague sera chargée de relever pour les jeter dans des wagonnets destinés à les porter à la décharge. Les eaux ainsi dégrossies aboutissent à la chambre d'aspiration où puisent douze pompes centrifuges placées dans une grande salle en contrebas du sol et actionnées par 6 machines pilon du type Compoind qu'alimentent des chaudières multitubulaires, genre Babcoc et Wilcox, à grilles inclinées et alimentation automatique, disposées dans une salle voisine. Ces pompes élèvent les eaux à la hauteur convenable pour les jeter dans le fleuve, même en temps de crue ; la conduite de refoulement est prolongée dans le lit à une distance suffisante pour qu'elles se déversent en plein courant et soient immédiatement entraînées ; un système de vannes permet de régler la hauteur de refoulement suivant l'état du fleuve, et des clapets automatiques garantissent l'usine et les collecteurs contre le retour des eaux des crues. Enfin on a disposé des déversoirs automatiques qui jettent les eaux d'orage dans un petit bras du fleuve compris entre la rive et une île de 18 kilomètres de longueur : la construction projetée d'un barrage en tête de cette île permettra d'améliorer le débouché des égouts en le faisant aboutir dans le bief aval, et de profiter du courant qui s'établira dans le petit bras pour entraîner au loin les eaux sales. Aussi, bien que l'éventualité de la création de champs d'épuration ait dès à présent été envisagée, la considère-t-on comme probablement encore fort éloignée. Quant à présent, vu l'état d'avancement des travaux de canalisation, une seule des six machines est en marche.

L'établissement, largement conçu, établi avec un certain luxe, en tout cas sans qu'on ait rien ménagé dans la dépense, occupe une étendue considérable, conquise par voie de remblai sur les berges basses du fleuve, et se prête aux extensions qui peuvent devenir un jour nécessaires.

RÉSUMÉ

En résumé, l'impression que je rapporte du congrès de Budapest est de tous points satisfaisante.

Les Français en général, la ville de Paris en particulier, y ont tenu une place très honorable. Et si, en matière d'hygiène urbaine, il n'y a pas eu de communication à mettre en parallèle avec celle de M. le docteur Roux sur la diphtérie, si l'on n'y a pas signalé d'innovations importantes, du moins peut-on faire valoir que les conclusions très nettes présentées par le délégué du service municipal des Travaux ont trouvé un accueil extrêmement favorable. Les solutions qu'il a combattues parce qu'elles n'ont pas pas paru acceptables chez nous ont été écartées du consentement de tous.

C'est dire que les principes sur lesquels on hésitait encore naguère et qui suscitaient des discussions passionnées sont aujourd'hui universellement reconnus, et que les modes d'assainissement résolument adoptés par la ville de Paris depuis longtemps — eau de source, tout à l'égout — l'emportent d'une manière générale, parce que leur supériorité est désormais hors de conteste.

Ni les nouveaux travaux de Budapest, ni les communications faites au Congrès, ni l'exposition qui y était annexée, n'ont fait connaître de systèmes nouveaux, de progrès récents, qui puissent sur un point quelconque faire regretter telle ou telle disposition adoptée à Paris. Au contraire il semble que la tendance des ingénieurs étrangers, qui les ont parfois critiquées sévèrement, soit aujourd'hui de les reproduire ou de les imiter, et les types des ouvrages mis en pratique par le Service municipal semblent se répandre de plus en plus.

Le Congrès n'eût-il pas eu d'autre conséquence que cette constatation rassurante que la municipalité de Paris n'aurait pas à regretter la part qu'elle y a prise.

Octobre 1894.

RAPPORT DE MISSION

PAR

M. L. MASSON

INSPECTEUR DES TRAVAUX SANITAIRES DE LA VILLE DE PARIS

Depuis 1876, les hygiénistes des différentes parties du monde se réunissent en de grandes assises internationales, dont le siège a été successivement Bruxelles (1876), Paris (1878), Turin (1880), Genève (1882), La Haye (1884), Vienne (1887), Paris (1889), Londres (1891); les dernières ont eu lieu en 1894 à Budapest, où la municipalité de Paris a bien voulu nous déléguer pour étudier les questions se rattachant à l'assainissement de l'habitation.

Le Comité d'organisation a su donner à ce congrès un éclat particulier, tant par le cadre où se tenaient les séances que par les fêtes nombreuses et les excursions offertes aux membres du Congrès, qui ont trouvé auprès de la municipalité de Budapest et des membres du Gouvernement hongrois un accueil plein de cordialité et des plus bienveillants.

Le Comité d'initiative avait organisé, parallèlement au Congrès, une Exposition très bien aménagée d'ailleurs et naturellement spécialisée aux questions d'hygiène; c'est à notre souvenir la deuxième exposition internationale d'hygiène annexée à un congrès; la première avait eu lieu à Genève en 1882; nous ne rappelons pas celle de Paris, en 1889, qui faisait partie de l'Exposition universelle.

Les séances du Congrès ont duré du lundi 3 au samedi 8 septembre 1894; elles ont été précédées et suivies d'assemblées générales, pour l'ouverture et la clôture, les dimanches 2 et 9 septembre. Elles étaient réglées de la manière suivante : on se réunissait, chaque matin, dans les locaux de l'École polytechnique et de l'Université, de 9 heures à 2 heures du soir, pour écouter les lectures des rapports et se livrer à leurs discussions; l'après-midi était réservée aux excursions officielles, aux visites particulières à l'Exposition ou dans les établissements publics qui étaient gracieusement ouverts à tous les membres du Congrès.

Jusqu'au Congrès de Vienne (1887), les communications faites dans la langue nationale des congressistes étaient immédiatement traduites en français ; depuis, c'est une constatation que nous faisons avec regret, cette sage coutume a été abandonnée au détriment de l'intérêt des séances, puisque les communications ne sont plus comprises que des nationaux. Les inconvénients de cette manière de procéder ont été relevés à plusieurs reprises, et sans succès d'ailleurs à cause de la prédominance de l'élément allemand.

Il en avait été de même à Londres en 1891, pour une raison de nationalité identique, et il y a tout lieu de croire qu'à Madrid, lors du prochain congrès qui aura lieu en 1897, le plus grand nombre des communications se fera dans la langue du Cid.

Dans l'intérêt de tous, il serait à désirer qu'on revînt aux anciens errements des congrès d'origine, c'est-à-dire que toutes les communications faites dans la langue nationale de leurs auteurs fussent immédiatement traduites en français.

Il nous a été impossible de suivre, on le comprendra, les travaux du congrès dans les 26 sections dont il était formé. Nous avons réservé notre temps à l'étude de l'hygiène de l'habitation, plus particulièrement traitée dans les IXᵉ et Xᵉ sections, sans nous désintéresser cependant de ce qui pouvait se présenter de particulier, à ce point de vue, dans les sections voisines et notamment dans la VIIIᵉ, où se traitait l'hygiène des villes. Nous allons en rendre compte dans le présent rapport, et nous ferons suivre des notes que nous avons pu recueillir sur l'exposition et sur les installations sanitaires dans les maisons et les différents établissements de la Ville.

IXᵉ ET Xᵉ SECTIONS.

Le Congrès de Budapest, comme les précédents, a vu des discussions très intéressantes sur les questions d'ordre général qui ont trait à l'assainissement des habitations et des villes : l'alimentation en eau potable, le mode d'évacuation et d'épuration des eaux usées et des vidanges. Aujourd'hui, comme l'a si bien dit M. l'Ingénieur en chef Bechmann, que toutes ces questions sont résolues dans le sens adopté par la ville de Paris et par toutes les grandes villes, il nous semble que l'étude des détails d'application offre un champ d'investigation très vaste aux hygiénistes du prochain congrès. L'assainissement des habitations et des villes est lié intimement, en effet, aux aménagements intérieurs des immeubles et on ne saurait trop encourager les recherches sur le mode de construction proprement dit des locaux habités : choix et mise en œuvre des matériaux, ventilation, chauffage, dispositions des canalisations d'eau potable et de conduites d'évacuation des eaux usées et des vidanges, choix des appareils sanitaires, etc...

A ce point de vue, le congrès de Budapest a marqué un pas timide dans cette voie ; mais il convient de citer, pour prendre date, les communications faites par certains membres des IXᵉ et Xᵉ sections.

Des Habitations à bon marché.

M. Cacheux, Ingénieur civil à Paris, rappelle que le logement a une influence marquée sur la santé des habitants des grandes villes, où les rues sont en général trop étroites pour permettre une aération et un éclairage suffisants dans toutes les parties des maisons qui les bordent.

Les habitations ouvrières sont le plus souvent mal tenues et les locataires y forment de grandes agglomérations où se développent plus facilement la plupart des maladies contagieuses et notamment la phtisie. L'influence du logement sur la santé est incontestable, aussi en France les tribunaux admettent-ils qu'un appartement malsain peut porter préjudice à la personne qui l'occupe et lui donner droit à des dommages-intérêts quand les causes d'insalubrité inhérentes à l'habitation sont constatées par des rapports d'experts.

En France, la question des logements ouvriers est à l'étude depuis longtemps ; l'État, les communes, les sociétés de toutes sortes, se sont employés à propager les habitations convenables dans notre pays ; malheureusement on se heurte toujours à un obstacle sérieux qu'il sera difficile d'écarter, c'est l'intérêt que les propriétaires entendent retirer de ce genre de constructions.

L'habitation d'une famille dans un pavillon isolé revient plus cher que dans une maison à étages, à nombre de pièces égal ; néanmoins, quand on dispose ces pavillons d'une manière habile, on peut, ainsi que le fait judicieusement observer M. Cacheux, faire profiter les habitants d'une partie des avantages des maisons à étages et arriver à vendre les habitations moyennant le paiement d'une annuité qui ne dépasse pas le prix du loyer d'un logement d'une surface équivalente.

Il serait désirable que les pouvoirs publics établissent les taxes et les impôts de façon que les habitants des petites maisons ne paient pas plus que ceux des bâtiments à étages qui occupent des logements de surface équivalente.

D'après M. Locke Worthington, de Londres, une habitation doit répondre aux conditions suivantes : situation convenable, sous-sol et substructure appropriés, plan commode et construction saine ; les pièces habitées disposées pour que l'air, la lumière y pénètrent largement et directement. Des cabinets d'aisances doivent être mis à la disposition des locataires, etc.

Un propriétaire avisé et un locataire soigneux compensent souvent les défectuosités d'un logement, tandis que, au contraire, une mauvaise administration et un aménagement défectueux peuvent faire un taudis d'une habitation idéalement construite.

M. Locke classe les petits logements dans l'ordre suivant :

1° « Labourers bungalows » ;

2° Habitations séparées de deux ou trois étages ;

3º Habitations doubles de un ou plusieurs étages ;

4º Groupes de trois ou plusieurs logements placés sur une même ligne et adossés les uns aux autres ;

5º Logements superposés en étages, dssservis deux à deux par un escalier communiquant directement avec la rue ;

6º Groupes d'habitations ou cités ouvrières contenant :

a) Des logements ayant leurs vidoir (évier) et water-closets particuliers ;

b) Des logements pour lesquels les éviers et les cabinets d'aisances sont, par mesure d'économie, mis en commun ;

c) Habitations, dortoirs ou maisons communes pour hommes seuls ou dames seules.

En résumé, il est bien évident que le bon sens et l'hygiène se déclarent en faveur des maisons isolées, malheureusement les circonstances et la commodité exigent qu'il y ait des types variés de logements superposés.

M. Locke estime qu'il conviendrait d'étudier dans un prochain congrès les avantages et les inconvénients des divers systèmes de cités ouvrières pour les petits salariés dans les grandes villes.

Ces deux communications ont été écoutées avec attention ; le sujet est loin d'être épuisé ; il intéresse tous ceux qui ont le souci du bien-être des travailleurs, auquel se rattachent d'une façon si directe l'hygiène et la santé publiques.

Une communication ayant quelque analogie avec les précédentes sur le *système d'habitation pour les classes indigentes* n'a pu avoir lieu, son auteur, M. le professeur Von Grüber, de Vienne, qui s'était fait entendre avec autorité dans les congrès précédents, s'étant trouvé empêché.

M. Patrocle Campanakis, de Constantinople, a développé, avec dessins et devis à l'appui, quelques idées générales sur l'hygiène des édifices publics.

Construction des hôpitaux.

Se rattachent également à l'assainissement des habitations les rapports présentés par :

M. le Chevalier de Kristelli, de Vienne, sur la construction des hôpitaux pour tuberculeux dans les grandes villes ;

MM. Adwinkle, de Londres, et Pollard (James), d'Édimbourg, qui ont pris comme thème de leurs observations *la construction des hôpitaux pour fiévreux ;*

M. Roche (Antony), de Dublin, qui a traité des hôpitaux comme cause de la propagation des maladies infectieuses.

Tous ces orateurs se sont rencontrés pour recommander autant que possible les constructions faciles, le cas échéant, à détruire et à remplacer, et comportant des pavillons distincts contenant un petit nombre de lits et quelques chambres d'isolement. Ces pavillons sont pourvus d'une ventilation et d'un chauffage aménagés et de dispositions particulièrement soignées pour la désinfection et l'évacuation de tous les résidus de la vie journalière.

Écoles.

Nous ne pensons pas que le congrès ait suivi, aussi utilement que le comportait le sujet, deux communications faites par M. Rogsavölgyi, de Budapest, sur le groupement des écoles primaires dans les grandes villes et leur utilisation au profit de l'enseignement et de l'éducation corporelle; et de M. Sckelly, d'Herfort (Angleterre), sur les inconvénients de l'agglomération des enfants dans les écoles des grandes villes.

Nous avons retenu cependant que ces deux orateurs insistaient sur la nécessité de disperser les groupes scolaires, en vue de diminuer les distances et d'éviter les pertes de temps aux enfants, et sur les avantages de toutes sortes qui résultent de l'aménagement dans les écoles, au milieu des constructions, de grandes surfaces disposées en préaux couverts et découverts pour faciliter les exercices corporels.

Ventilation.

Tout le monde est d'accord aujourd'hui pour reconnaître que les fonctions de la vie ne s'accomplissent d'une manière normale et régulière chez l'homme qu'autant qu'il est placé dans un air pur auquel il emprunte l'oxygène nécessaire à la respiration et que la température de son corps reste très sensiblement constante. Les produits de la respiration rejetés dans l'atmosphère ambiante tendent à en souiller la pureté.

En plein air, ces produits viciés se diluent dans une masse énorme et disparaissent promptement sans que la composition de l'atmosphère en soit sensiblement modifiée.

Dans les pièces habitées, il n'en est plus ainsi; l'air confiné s'altère et peut même devenir irrespirable si on n'a pas soin de ventiler, c'est-à-dire d'en assurer le renouvellement par des moyens convenables. Les appareils de chauffage et d'éclairage qui, indépendamment de l'oxygène qu'ils absorbent, donnent lieu à un dégagement de gaz nuisibles aggravent encore la situation. Le renouvellement de l'air dans les lieux habités est donc une nécessité absolue; c'est le but de la ventilation qui doit avoir pour effet l'évacuation de l'air vicié et son remplacement par de l'air pur, de manière à maintenir à l'atmosphère sa composition constante nécessaire au principe de la vie.

Il est évident que la ventilation doit varier suivant les circonstances; elle doit faire l'objet de soins plus particuliers pour les locaux habités d'une manière permanente et présentant, comme les hôpitaux, des dangers d'infection, que pour des salles occupées momentanément par des individus sains, comme les classes d'une école, par exemple. Elle doit également varier suivant la température, le degré hygrométrique, etc., de l'air intérieur.

Les opinions sont d'ailleurs différentes, aussi bien snr le volume à introduire pour produire une ventilation vraiment efficace que sur les moyens à employer pour assurer le renouvellement de l'air. On peut cependant répartir en trois groupes les divers systèmes auxquels on peut recourir pour effectuer la ventilation d'un local : ventilation naturelle, ventilation par cheminée chauffée et ventilation mécanique.

La première est celle qui se fait à travers les parois de l'habitation, grâce à leur porosité et par les joints plus ou moins bien ajustés des portes et des fenêtres. La ventilation par les parois est constante à moins que les parements des murs ne soient revêtus d'enduits imperméables. L'aération par les fenêtres est celle qui, pour la quantité et surtout pour la qualité de l'air fourni, ramène l'homme le plus près possible des conditions dans lesquelles il se trouve en plein air. Il faut cependant faire une réserve en cas de temps chaud et lourd, l'air étant alors à peu près complètement calme et la ventilation nulle. En hiver, la ventilation par les fenêtres n'est plus praticable.

Les cheminées ordinaires d'appartements sont de véritables cheminées de ventilation dans lesquelles l'air est porté par la chaleur rayonnante à une température assez élevée pour déterminer un appel considérable ; la ventilation ainsi obtenue est très régulière, car elle est naturellement liée à la différence des températures intérieure et extérieure.

Les dispositions d'appel revêtent trois formes selon que les appareils pour chauffer l'air sont au-dessus (ventilation à hauteur du plafond), ou bien au niveau du plancher (ventilation par les foyers d'appartements), ou en contre-bas de la pièce à ventiler (conduit inférieur aboutissant à une cheminée spéciale).

La ventilation mécanique s'applique surtout à de grands espaces ; elle a pour but de diminuer les frais considérables résultant de l'emploi des cheminées d'appel. Les ventilateurs puisent l'air pur à l'extérieur et le refoulent dans les locaux à ventiler. Des dispositions spéciales peuvent permettre de tamiser l'air et de lui donner un degré hygrométrique convenable.

Ces considérations ont été développées par M. Wolfhœgel (Gustave), de Güttingue, dans une discussion des plus intéressantes, à laquelle ont pris part MM. Fischer (Hanovre), K. Liebreich et Haussmann, de Budapest.

M. Reknagel, d'Augsbourg, a parlé surtout de la ventilation des habitations privées, si négligée presque partout.

Enfin, M. Kapoustine, de Kasan, a émis quelques considérations personnelles sur la ventilation par les murs et son importance hygiénique.

Chauffage.

La question également si importante du chauffage des habitations a fait l'objet de rapports très étudiés.

M. Douglas Galton, de Londres, examine les divers systèmes en usage : feu libre avec charbon ou gaz, circulation d'eau ou de vapeur à haute ou basse pression, poëles en faïence, poëles en fonte, etc.

Il montre que le chauffage d'un édifice public, d'un groupe de maisons ou d'une ville entière avec source centrale de chaleur, repose sur le même principe que le chauffage d'une salle isolée.

Les conditions et le coût de chaque mode de production du calorique dépendent des détails de construction, qui varient nécessairement dans chaque cas.

Les systèmes à air chaud, convenables pour le chauffage de bâtiments uniques, compacts, ne donnant lieu à aucune perte sérieuse de chaleur, ne sont guère applicables au chauffage de groupes de maisons et encore bien moins au chauffage de maisons dispersées, à cause des pertes de chaleur dues au passage à travers des conduites de grandes longueurs. Il est de même difficile de se servir de systèmes à eau chaude pour le chauffage de groupes de maisons, sans recourir à une circulation forcée.

En revanche, la vapeur, le gaz et l'électricité peuvent être utilisés pour le chauffage soit de maisons uniques, soit de groupes de maisons, soit même de villes entières.

Le gaz peut être employé, à la façon du charbon, dans des foyers à feu libre ; on peut aussi s'en servir pour créer des radiateurs qui seraient placés dans les différentes parties d'un bâtiment et dont les produits de la combustion seraient évacués directement.

La vapeur a été employée, avec plus ou moins de succès, pour le chauffage de villes aux États-Unis. L'électricité pourrait être utilisée si on disposait d'une force naturelle ; chute d'eau ou vent. Mais ce système serait trop coûteux si on recourait à la vapeur pour la production de l'énergie électrique.

En résumé, un système central de chauffage aurait l'avantage de nous débarrasser de l'emmagasinage, de la manutention du combustible, etc. Il nous délivrerait aussi des ennuis qu'entraîne l'enlèvement des déchets et des sujétions de toutes sortes résultant de la présence d'un foyer dans chaque maison.

M. Émile Trélat, professeur au Conservatoire national des arts et métiers, directeur de l'École spéciale d'architecture, n'ayant pu assister au congrès de Budapest, comme il l'espérait, avait bien voulu nous prier de donner lecture de la communication qu'il s'était chargé de rédiger sur « le chauffage central des logements dans les maisons de rapport et dans les villes entières ».

Pour élucider ce problème, M. Trélat envisage la question générale du maintien d'une « température hygiénique » dans les habitations.

La solution méthodique de cette question commande elle-même de définir les facteurs qui interviennent dans le maintien de la température physiologique du corps des personnes qui occupent une construction fermée. Pour définir et classer ces facteurs, il est nécessaire de constater le mode d'influence sur notre corps des milieux dans lesquels nous vivons.

L'observation montre que nous pouvons être thermiquement influencés :

1º Par voie de « convection », c'est ce qui arrive quand un courant d'air de température quelconque circule le long de notre corps et nous cède ou nous prend au passage une quantité de calories ;

2º Par voie de « radiation », quand nous sommes voisins de corps solides qui rayonnent sur nous des calories issues de leur température ;

3º Par voie de « conduction », quand nous chauffons sur un corps chaud nos mains ou nos pieds, et que, de proche en proche, tout notre corps se réchauffe.

De ces définitions, il résulte :

1º Que l'état thermique de nos corps est principalement tributaire de la température des corps solides qui nous avoisinent et qui agissent sur nous par radiation ;

2º Que l'atmosphère qui nous environne et qui agit sur notre température corporelle par voie de « convection » l'influence avec beaucoup moins d'intensité ;

3º Qu'un corps de volume limité, dont nous ne pouvons recueillir les calories que sur une petite partie, ne permet qu'une réalisation lente d'un chauffage total.

Ces principes posés, M. Trélat démontre qu'il faut toujours maintenir la température des parois de nos maisons à un degré tel que la température physiologique des occupants ne soit pas troublée. C'est la solution vraie du problème du chauffage des habitations.

Dans l'application de cette théorie, l'auteur distingue deux catégories de lieux d'habitation :

1º Les locaux qui ne sont pas constamment habités et dans lesquels on peut profiter de l'inoccupation temporaire pour agir thermiquement sur la température des murs. Dans ce cas, on peut demander à de l'air chauffé d'y apporter des calories de « convection » pendant l'absence des habitants. C'est là le cas d'employer des calorifères à air chaud ; ils imposent l'unique préoccupation d'interrompre l'accès de l'air chauffé pendant l'occupation ;

2º Les locaux qui sont occupés d'une façon permanente, comme, par exemple, une salle d'hôpital. Là, on ne peut plus faire appel au chauffage par convection de l'air ; il faut distribuer les calories par voies de radiation. C'est alors le cas d'employer des poëles à grande surface radiante ou des circulations développées de grandes tuyauteries chaudes.

Ces solutions sont absolument spéciales au chauffage et restent systématiquement indépendantes de l'aération des locaux. Elles n'empêchent pas la disposition complémentaire et le luxe précieux des cheminées à foyers ouverts, qui jettent dans l'habitation la gaie perspective des brillantes combustions et la douce commodité des réchauffements partiels ou immédiats du corps, quand on rentre refroidi du dehors.

M. Fischer (Hanovre) développe, avec dessins à l'appui, les trois points suivants à propos du chauffage, de la ventilation et de l'éclairage des théâtres et salles de réunion :

1° La ventilation d'une salle destinée à contenir un grand nombre de personnes pendant un certain temps constitue une question difficile à résoudre. Pour entraîner l'air vicié, il faut de l'air relativement frais et animé d'une certaine vitesse, deux conditions qui sont bien connues pour être les causes des courants d'air ;

2° Il importe que les installations soient agencées et mises en service, de manière à ce que la ventilation s'établisse uniformément dans toute la salle pour éviter une trop grosse incommodité à quelques uns ;

3° Les flammes d'éclairage contribuent plus encore que la respiration humaine à vicier l'air. Les produits de la combustion doivent par suite être évacués, de manière à ne pas incommoder les assistants.

MM. Siemens Fr., de Dresde, et Bernauert, de Budapest, ont parlé du chauffage, de l'éclairage et de la cuisine au gaz qui sont appelés, suivant eux, à prendre une grande extension.

Enfin, M. Laszlo Syigfrid, de Budapest, termine la série des rapports relatifs au chauffage de l'habitation en mettant l'électricité, avec ses nombreuses applications, au service de l'hygiène.

Cabinets d'aisances. — Évacuation des eaux usées.

M. Zavitziano, de Constantinople, et plusieurs autres orateurs hongrois et allemands ont recommandé l'application des principes de l'écoulement direct à l'égout pour l'évacuation hors de l'immeuble des eaux usées et des matières de vidange ; ils ont insisté, notamment, sur les soins qu'il convient d'apporter dans l'installation et l'entretien des cabinets d'aisances. La communication de ces messieurs n'a présenté pour nous aucun fait saillant de nature à être retenu, sauf cependant l'importance qu'ils ont paru attacher à ce que les sièges des cabinets d'aisances dans l'habitation, dans l'école, à l'hôpital ou dans l'usine, fussent disposés pour s'asseoir à la condition d'être l'objet d'un entretien plus soigné que celui que nous sommes appelé à constater journellement chez nous.

Brûleur pour cabinets d'aisances.

M. Th. Weyl, de Berlin, présente un brûleur pour cabinets d'aisances qui, placé dans la maison, au pied de la chute, assure la combustion des matières fécales au fur et à mesure de leur production.

Les matières solides passent entre deux cylindres et n'atteignent le foyer que par couches minces et déjà desséchées, de sorte qu'elles sont brûlées complètement ; quant aux urines, elles sont détournées dans un récipient spécial placé au-dessus du foyer où elles se trouvent décomposées. Le tirage est agencé de manière à faire passer tous les gaz nauséabonds à travers le foyer. La manœuvre de l'appareil est entièrement automatique.

Quoi qu'en dise l'inventeur, nous ne pensons pas que cet appareil puisse jamais rendre de bien grands services. Son usage serait d'ailleurs absolument limité aux maisons qui ne peuvent être rattachées à un réseau d'égouts, aux maisons isolées par conséquent, ou aux très petites agglomérations. Or, dans ce cas spécial, il n'est pas difficile de trouver un mode de vidange moins encombrant, moins coûteux et surtout moins dangereux que celui préconisé par M. Weyl.

Appareil diviseur. — Système Nadéïne.

M. de Nadéïne, de Saint-Pétersbourg, a présenté un appareil diviseur de son invention, basé sur le principe d'adhésion des liquides dirigés séparément dans la conduite d'évacuation, tandis que les solides, en tombant dans un récipient placé au pied de la chute, se mélangent avec de la tourbe sèche qui y a été projetée par un appareil à bascule manœuvrant automatiquement. C'est purement et simplement l'appareil filtrant ordinaire compliqué d'un mécanisme embarrassant qui ne résout pas la question de l'évacuation immédiate sans stagnation.

Des conférences sur l'hygiène des prisons ont été faites par MM. Baer, de Berlin, Merry Delabort, de Rouen, et le major Griffith, de Londres ; nous n'avons pu malheureusement les entendre, parce que nous étions retenu à la 8ᵉ section par les communications relatives à l'hygiène urbaine qui avaient lieu en même temps.

VIIIᵉ Section.

Hygiène urbaine. — Systèmes Shone, Liernur, Waring et Berlier.

Dans cette section, nous avons été surpris de voir remettre en discussion les systèmes séparés Shone et Liernur, qui nous semblaient avoir été condamnés à la suite des rapports présentés au Congrès de Vienne en 1887, notamment par M. Alfred Durand-Claye. Les auteurs de ces systèmes s'étaient abstenus aux congrès suivants de Paris et de Londres ; leur réapparition à Budapest ne nous a pas paru être accueillie avec faveur malgré l'éloquence de leurs défenseurs : M. Paretz et M. le docteur Schuster, qui exposaient l'application récente du système Schone dans la ville d'Arad ; et M. Sijmons qui rappelait certains avantages très particuliers, à notre avis, que recueillait avec le système Liernur, la ville d'Amsterdam, dont le sol humide rend à peu près impossible la construction d'égouts.

Ces divers systèmes, comme les procédés Berlier et Waring, ennemis de l'eau dans les cabinets d'aisances, réposent sur une erreur hygiénique, en admettant que les eaux de pluie lorsqu'elles ont ramassé les détritus de toute espèce qui traînent sur la voie publique : crottins de cheval, poussière, etc... peuvent être négligées à côté des matières de vidanges.

L'infection qu'elles produisent a été maintes fois constatée dans les villes à fosses fixes.

La canalisation d'une ville, au contraire, doit être constituée de manière à recueillir les matières de vidanges et les eaux usées y compris les eaux pluviales.

C'est là le programme d'assainissement adopté dans les derniers congrès, et M. l'Ingénieur en chef Bechmann le rappelait avec autorité dans les communications qu'il a faites à la 8e section sur les égouts et l'alimentation des villes en eau potable.

L'ère des hésitations et des discussions est close et les principes sanitaires établis par les Belgrand, les Mille, les Durand-Claye et si dignement soutenus par leurs successeurs ont enfin triomphé, nous le constatons non sans un légitime orgueil pour notre pays et pour notre capitale, et leurs solutions préconisées aujourd'hui par les hygiénistes sont reconnues et appliquées comme les plus parfaites et les plus sûres.

VIIIe, IXe ET Xe SECTIONS RÉUNIES.

La veille de la clôture du Congrès, les sections 8, 9 et 10 se sont réunies pour entendre une communication de M. le docteur Corfield, de Londres, qui concerne à la fois l'hygiène urbaine et l'assainissement des habitations. Nous en avons retenu les principes suivants :

I. — Il importe d'améliorer la santé publique et d'empêcher la propagation des maladies dans les villes et les logements, par l'enlèvement fréquent des ordures et par la distribution abondante d'eau potable.

II. — Afin de faciliter le nettoyage des rues et d'empêcher la contamination du soussol, il importe que le pavé des rues soit aussi imperméable que possible.

III. — Il faut établir des caves imperméables et des couches isolantes dans les murs, afin d'empêcher l'accès de l'air souterrain et l'humidité dans les logements.

IV. — Les tuyaux de chute et de descente des maisons devront être étanches et pourvus chacun d'un obturateur défendant l'accès de l'air vicié provenant des canalisations : ils doivent être convenablement ventilés.

V. — Ces égouts devront être ventilés de manière à empêcher les émanations de se répandre dans les logements et dans les rues; ils devront être nettoyés à fond pour éviter l'accumulation des dépôts putrides.

18

VI. — La distance minimum entre les deux rangées de maisons d'une rue doit être de 12 mètres, la hauteur des maisons ne doit pas être supérieure à la largeur de la rue ; les maisons dos à dos ne doivent pas être admises.

VII. — Des règlements devraient être faits par les autorités publiques en vue de rendre obligatoire l'application pratique des principes énoncés ci-dessus.

Cette importante communication défendue énergiquement par son auteur et combattue non moins vivement dans plusieurs de ses parties, siphon au pied des chutes, largeur des rues et hauteur des maisons, etc., a été retirée et, d'un commun accord, renvoyée à une commission internationale nommée en assemblée générale et comprenant, sur neuf membres, deux Français. C'est au prochain Congrès, à Madrid, que les rapports de cette commission seront mis en discussion.

EXPOSITION D'HYGIÈNE.

L'Exposition d'hygiène annexée au Congrès dans les locaux mêmes de l'École polytechnique était purement scientifique. Le comité d'organisation, présidé par M. Tormay-Béla, n'y avait admis aucun de ces produits qui usurpent un peu trop faciment la qualité « d'hygiéniques » et qui sous cette rubrique trompeuse encombrent les emplacements et empêchent de découvrir au milieu de bocaux, de bouteilles, de vitrines et de marchandises de toute espèce, les objets réalisant un progrès réel pour l'hygiène.

Dans la cour de l'école, avaient pris place les appareils volumineux : étuves à désinfection, appareils de chauffage et de ventilation, de buanderie, etc., et dans six grandes salles réparties dans les rez-de-chaussée, premier et deuxième étage, justement à proximité de celles qui étaient occupées par les différentes sections du Congrès, se trouvaient groupés :

Salle nº 1 : l'Assainissement des villes ;

Salle nº 2 : l'Exposition collective des villes allemandes et de l'Autriche ;

Salle nº 3 : la Hongrie ;

Salle nº 4 : les Pays divers ;

Salle nº 5 : la Crémation ;

Salle nº 6 : l'Exposition balnéaire.

La ville de Paris présentait, dans un assez vaste emplacement, qui lui avait été réservé dans la salle nº 1, un certain nombre de dessins et de photographies correspondant aux trois grandes divisions de son service d'assainissement :

Travaux sanitaires de l'habitation ;

Égouts ;

Assainissement de la Seine.

Trois dessins à grande échelle exposaient clairement les applications du récent arrêté relatif à la distribution de l'eau dans une maison d'habitation et à l'évacuation des eaux usées et des matières de vidange jusqu'à l'égout public.

Le service des Égouts présentait le plan général et les différents types de son réseau de galeries, les dessins de ses appareils de chasse : réservoir avec vannette et siphon automatique, bateau-vanne et wagon-vanne et un diagramme montrant l'accroissement annuel des égouts à Paris depuis 1789.

Une série de plans et de photographies rappelaient tous les travaux exécutés ou en cours d'exécution pour l'épuration des eaux d'égout par le sol et donnaient une importance particulière à tout ce qui concerne l'assainissement de la Seine.

Enfin, deux châssis représentaient l'application faite par le service de l'Assainissement, des principes de l'évacuation directe et de l'épuration des eaux d'égout dans deux établissements du département de la Seine : Ville-Évrard et Nanterre.

L'exposition des différentes villes et notamment celles des villes allemandes et autrichiennes offraient de nombreux spécimens et plans d'habitations, d'hôpitaux, d'écoles, de bains populaires, d'abattoirs, etc.

Nous devons constater, après l'étude de ces modèles et dessins, que les principes proclamés depuis longtemps par tous les hygiénistes se généralisent de plus en plus dans la pratique.

Les habitations et notamment celles qui sont destinées aux travailleurs, sont bien étudiées ; l'air et la lumière y pénètrent largement, et, presque dans tous les projets présentés, les auteurs se sont inspirés des principes relatifs au chauffage, à la ventilation, à la distribution d'eau, à l'éclairage et à l'évacuation rapide des résidus de la vie.

Les hôpitaux, généralement composés de pavillons séparés, permettent la dissémination des malades sur de grandes surfaces.

Les écoles établies dans des bâtiments confortables, auxquels on ne pourrait reprocher qu'un trop grand luxe, au milieu de cours et de préaux spacieux, montrent leurs classes bien disposées, bien orientées, convenablement aérées et éclairées, les unes par le système unilatéral, les autres par le système bilatéral.

Les bains populaires, vastes, spacieux, sont agencés, quelques-uns avec des piscines, beaucoup avec des douches tempérées et peu avec la baignoire.

La ville de Budapest avait exposé de nombreux dessins et plans parmi lesquels nous remarquons :

Son réseau d'égouts et sa distribution d'eau ;

Des types divers de maisons d'habitation : logements-baraques pour les ouvriers, maisons ouvrières et maisons de rapport ;

Des écoles primaires, des écoles maternelles coquettement agencées et des écoles pour l'instruction secondaire des filles et des garçons ;

L'hôpital Saint-Roch, le plus ancien et le plus grand établissement hospitalier de la ville, comportant 1,579 lits répartis dans 113 salles, aménagées partie dans des bâtiments à étages et partie dans des pavillons séparés de construction plus récente ;

L'hôpital Saint-Étienne, édifié à la suite d'un concours qui eut lieu en 1876, inauguré en 1885 et comprenant 17 petits bâtiments isolés et habilement répartis au milieu de cours et de jardins embrassant une surface de 6 hectares ;

L'hôpital Saint-Ladislas, spécial aux contagieux, de construction toute récente ;

Les plans avec détail des principaux établissements de bains de la ville : bains Saint-Luc, de Sainte-Marguerite, Bain royal, Bain impérial, etc. ;

Des détails (modèles et dessins) de latrines et d'urinoirs publics établis en différents points de la ville, sur lesquels nous notons une disposition spéciale aux sièges des cabinets d'aisances pour obliger les visiteurs à s'y asseoir ;

Enfin, les plans et coupes du marché aux bestiaux et des abattoirs, construits en 1874 par MM. les architectes Jules Henricke et van der Aude.

Berlin rappelle, dans de nombreux dessins, les dispositions de son système radial d'égouts et de ses champs d'épuration et d'utilisation agricole des eaux usées qui ont été déjà souvent décrites ; il y a lieu d'y relever cependant :

Un type de raccordement des canalisations d'une maison et de l'égout public montrant l'interposition d'un clapet mobile contre le refoulement des eaux de l'égout à l'intérieur de la propriété ; ce clapet, contenu dans une sorte de boîte en fonte aux angles arrondis, est fermé par une trappe mobile avec joint étanche ;

Des modèles de tuyaux en grès présentant de solides emboîtements suffisamment ouverts pour faciliter la confection des joints ;

Enfin, des pièces en fonte : entrées d'eau, regards pour tuyaux de descente, généralement disposés pour retenir les ordures et détritus qui sont enlevés à la main.

Des panneaux montrent dans tous leurs détails des plans d'établissements hospitaliers, d'écoles et d'installations balnéaires. Signalons parmi ces nombreux dessins ceux de :

L'hôpital Urban ;

L'hospice pour les épileptiques, à Wulgarten, avec sa belle installation hydrothérapique ;

Des asiles d'aliénés de Dalldorf et de Harzberge, près Berlin ;

De l'établissement balnéaire du gymnase de Joachimsthal ;

Des bains populaires avec baignoires et douches de la Turmstrasse de Moabit et de Schillingsbrucke ;

Et deux études représentant : l'une, un bain système Anleite avec bouilloire et chauffage par un tuyau de vapeur disposé sous le fond de la baignoire ; et l'autre, un établissement de bains publics entièrement construit en tôle ondulée, avec cabine-vestiaire attenante à la cabine de douches, disposition économique qui permet d'utiliser le terrain de la façon la plus complète et qui facilite la bonne tenue des douches et des vestiaires.

Sans présenter la même importance que celles de Budapest et de Berlin, les expositions des autres villes méritent cependant d'être citées ; rappelons au passage les principaux ouvrages exposés en les groupant suivant leur classification naturelle :

Habitations. — Les villes d'Arad (Hongrie), de Mannheim (Allemagne), d'Odessa montrent les dispositions adoptées pour raccorder le drain évacuateur des eaux usées de la maison avec la canalisation publique ; rien de particulier à signaler sur ce point, si ce n'est l'emploi de tuyaux en fonte dans la traversée de la maison et de tuyaux en grès sous le sol des cours ; l'absence du siphon sur la partie aval du drainage et les divers arrangements pris pour la ventilation des conduites.

A noter encore les dessins de maisons ouvrières (types de maisons pour un ménage, pour deux ménages) présentés par M. Max Pommer, architecte à Leipzig.

Écoles. — Cette exposition est très riche en bons dessins ; citons les plans d'une école primaire et d'un orphelinat présentés par la ville d'Arad :

Les dispositions adoptées par la ville de Brünn, dans des écoles primaires, pour le chauffage par foyer central (calorifère à air chaud), la ventilation des classes et l'installation des cabinets d'aisances établis à proximité des salles et des préaux ;

L'asile municipal pour les enfants trouvés et l'asile-réfectoire municipal pour les enfants, récemment construits à Odessa ;

Les dessins et photographies du gymnase Charles et de l'école supérieure de filles, à Heilbronn, établissements peut-être trop luxueux, mais confortablement aménagés ;

Les écoles primaires construites à Vienne par MM. M. et C. Hintrager, architectes ;

Enfin, une école de cuisine très bien agencée et très bien ordonnée, présentée par la ville de Posen.

Établissements hospitaliers. — Parmi les plans assez nombreux des établissements hospitaliers figurent ceux :

Du grand hôpital de Montpellier, suite de pavillons isolés construits d'après le système Tollet ;

De l'asile François-Joseph, édifié à Brünn en 1893 ;

Et du nouvel hôpital général de Hambourg, qui se distingue par le système de chauffage central, la ventilation mécanique de chacun des pavillons, une bonne disposition des cabinets d'aisances et l'agencement d'une salle de bains à proximité de chacune des salles,

Bains populaires. — Les dessins d'établissements balnéaires occupent une assez grande place dans l'exposition. Le bain-douche paraît avoir la préférence sur le bain en baignoire qui est coûteux et qui, de plus, peut présenter certains inconvénients au point de vue hygiénique, et sur la piscine commune qui n'offre pas toujours une eau suffisamment pure aux baigneurs.

La municipalité de Vienne, à qui revient l'honneur de la création du premier bain populaire, montre les plans et détails de ses établissements, au nombre de dix, tous construits dans les quartiers les plus populeux de la ville.

Très remarqués aussi, le bain municipal (douches et baignoires) de Heilbronn et les projets exposés par la ville de Posen comportant un établissement de bains populaires et une disposition de bains-douches avec vestiaire pour l'école municipale n° 3.

Marchés aux bestiaux et abattoirs. — Des plans de marchés aux bestiaux et d'abattoirs ont été exposés par quelques municipalités ; nous signalons, parmi ces dessins, ceux des villes de Cologne, de Hambourg et de Gratz (Autriche), qui nous paraissent très instructifs et très recommandables.

Des spécimens de fours crématoires pour les ordures ménagères et les immondices des villes ont été présentés par la ville de Berlin, par M. Richard Schneider, de Vienne, et par la ville de Saint-Louis (États-Unis d'Amérique). L'établissement de Saint-Louis, récemment achevé, paraît être le plus grand et le plus complet dans son genre ; malheureusement, les détails nous font défaut sur les conditions pratiques et sur les avantages du fonctionnement de ces divers appareils.

La ville de Posen montre un type de fosses fixes en fonte qui se placent dans le sous-sol des maisons et dont la vidange est faite par une sorte de système pneumatique. Rien à retenir d'une telle horlogerie, qui laisse séjourner et facilite la fermentation des matières dans l'immeuble.

NOTE SPÉCIALE SUR LA VILLE DE BUDAPEST.

Bien que le temps nous fût strictement limité, il nous a été possible cependant de consacrer quelques instants à la visite de la ville, et nous croyons devoir consigner, dans les quelques notes qui suivent, les particularités qui nous ont le plus frappé en ce qui concerne l'assainissement des habitations proprement dit.

Une remarque qui s'impose immédiatement à l'esprit, quand on considère la ville de Budapest, c'est son développement rapide qui n'a pas été sans exercer une influence fâcheuse sur les conditions du logement et de la population.

Des bâtiments modernes, coûteux, ont remplacé sans transition les anciennes petites maisons dans lesquelles les habitants pauvres trouvaient autrefois des logements à bon marché, de sorte que ceux-ci devenaient de plus en plus rares, précisément au moment où la population ouvrière, attirée par l'extension de la ville, affluait davantage. Aussi a-t-elle été forcée en grande partie de s'entasser dans des logements exigus et insalubres C'est ainsi que sur les 100,000 logements que comporte la ville, plus de 5,000 se trouvent dans les sous-sols et abritent 25,000 habitants.

La statistique municipale établit que le nombre moyen d'habitants par pièce est de 2 h. 84, variant naturellement avec les quartiers, mais sans que la moyenne soit inférieure pour 50,000 logements, dans lesquels s'entasse une population de plus de 250,000 personnes, n'ayant au surplus que des notions plus qu'imparfaites de l'hygiène corporelle. Du reste, en considérant comme « surpeuplés » les logements qui comptent quatre habitants ou plus par chambre, on constate qu'en 1891 la situation avait empiré sur les années précédentes, car les logements de ce genre étaient en excès sur le nombre de ceux constatés en 1881.

Règlement de la construction des maisons ouvrières.

Émue à juste titre de cette situation, la municipalité arrêta une réglementation des logements approuvée par le Gouvernement en 1892, ayant pour objet :

1° De faciliter la construction de maisons ouvrières par des dégrèvements d'impôts ; et 2° de placer sous la surveillance de l'autorité l'habitation des logements encombrés.

Le règlement interdit même d'une façon générale de construire des logements sans cuisine et spécifie que dans le cas de location ne comprenant qu'une seule pièce avec cuisine, celle-là doit présenter une superficie de 15 mètres carrés au moins, la hauteur du plafond ne peut demeurer au-dessous d'un minimum de 2 m. 60 c. à 3 mètres.

Les cours doivent être suffisantes pour aérer et éclairer tous les logements ; elles doivent occuper 15 à 20 % de la superficie totale. D'autre part, la hauteur des maisons est limitée à quatre étages et même à deux étages dans certains quartiers.

Chaque maison doit posséder au moins un cabinet d'aisances pour deux logements de une ou deux pièces et un cabinet par logement de trois pièces et plus. Tous ces cabinets doivent être convenablement aérés et il est interdit de les faire ouvrir dans les cuisines.

Mais les mesures fort judicieuses édictées par ce règlement ne pouvaient apporter le remède immédiat réclamé par la situation aiguë à laquelle on était arrivé. Il fallait aviser à des moyens plus rapides, et une commission spéciale désignée à cet effet se prononça en faveur de la création de logements économiques. Une société privée s'est déjà fondée et la municipalité, de son côté, a déjà fait construire des baraquements qui peuvent contenir 2,000 personnes, solution évidemment provisoire et insuffisante qui a remplacé un mal pire par un mal moins grand, sans répondre efficacement aux exigences d'une bonne hygiène.

Le mouvement ainsi amorcé s'est propagé et beaucoup de grandes fabriques installées à Budapest ont construit, à proximité de leur usine, des groupes de maisons où leurs ouvriers trouvent la salubrité et même le confortable si nécessaire aux besoins de la vie.

Nous avons eu l'occasion de visiter des habitations de ce genre annexées à une importante fabrique de machines à coudre, située à William Utcza, dans le IXe arrondissement, quartier Sud de la ville. Elles sont élevées d'un étage sur rez-de-chaussée ; les couloirs de communication au rez-de-chaussée et au premier étage, sur lesquels ouvrent tous les logements, sont à l'extérieur ; le toit les surplombe. Les logements se composent d'une cuisine avec fourneau et évier, d'une chambre à coucher, d'une seconde chambre pour enfants et d'une salle à manger. Chaque ménage dispose en outre d'un cellier placé dans la cour. Une buanderie avec séchoir, des bains-douches sont communs à plusieurs logements ; les cabinets sont placés dans le vestibule du rez-de-chaussée et sur le palier du premier étage à raison d'un par logement.

Les ateliers qui composent l'usine, entièrement construits en maçonnerie et fer, sont vastes, bien aérés, chauffés par la vapeur et ventilés mécaniquement.

Les cabinets d'aisances communs desservis par l'écoulement direct à l'égout sont tenus absolument propres, condition indispensable, d'ailleurs, en raison de la disposition des sièges qui obligent à s'asseoir.

Maisons de rapport.

Les maisons de rapport destinés à la classe aisée ou riche présentent toutes les catégories d'appartements répondant aux besoins qu'ils sont appelés à satisfaire. Les façades extérieures sont généralement luxueuses, de types variés, avec de fortes saillies, des moulures et des motifs décoratifs qui les font ressembler plutôt à des palais ; mais, comme la pierre de taille fait défaut, toute cette ornementation, comme du reste le ravalement, est faite de mortier de ciment habilement travaillé.

Ces maisons ne comportent généralement que trois étages, quatre c'est un maximum, sans que leur hauteur totale puisse dépasser 17 mètres ; elles sont donc un peu moins élevées qu'à Paris, mais, comme elles ont moins d'étages, les hauteurs entre planchers dépassent de beaucoup celles que l'on est habitué à voir chez nous. Il est commun à Budapest de rencontrer des étages qui ont plus de 3 mètres de hauteur.

L'intérieur des maisons de rapport a naturellement beaucoup d'analogie avec les nôtres, ce qui peut s'expliquer par ce fait qu'un certain nombre d'architectes hongrois ont fait leurs études à Paris, à notre École nationale des Beaux-Arts. Mais on y rencontre plus souvent les facilités hygiéniques qui ne sont chez nous que le lot d'un certain nombre de privilégiés ; c'est ainsi que chaque appartement comporte une salle de bains avec baignoire et douche. Les cabinets d'aisances sont aménagés avec confort ; c'est l'écoulement direct tel qu'il se pratique à Paris : même agencement, même canalisation, mêmes appareils. Un perfectionnement qu'on essaie, depuis quelque temps, d'introduire à Paris est en usage à Budapest pour l'évacuation des eaux ménagères : les descentes, de même que les chutes sont formées de tuyaux en fonte avec joints en plomb assurant une étanchéité parfaite, ce qui permet de les placer à l'intérieur, à l'abri du froid.

Dans les rues encore dépourvues d'égout, c'est la tinette et plus particulièrement la fosse fixe qui est en usage. L'installation en est réglementée de façon à protéger la salubrité de la maison et des maisons voisines contre les inconvénients reconnus de ces systèmes de vidange. Les projets d'assainissement de la ville font prévoir que ces fosses n'ont plus qu'une durée temporaire et qu'elles sont appelées à disparaître progressivement et rapidement avec l'achèvement du réseau d'égouts.

Nous avons eu l'occasion de visiter quelques établissements publics ; voici, à ce sujet, les notes succintes que nous avons pu relever (1) :

Écoles.

Les écoles primaires communales de Budapest, dont le nombre est passé de 55 à 99 (2) de 1873 à 1893 et qui comptent une population de 38,000 enfants, peuvent se classer au point de vue de l'hygiène en deux catégories : celles qui existaient avant la loi organique de 1868 sur la liberté de l'enseignement, et celles qui ont été construites depuis.

Les premières, édifiées à une époque déjà ancienne et appartenant pour la plupart à des congrégations différentes, laissent grandement à désirer sous le rapport de l'hygiène scolaire, dont les règles étaient alors inconnues. Mais il faut reconnaître les efforts constants de la municipalité pour les améliorer dans la mesure du possible ; cependant, étant donné l'absence d'égout public dans un grand nombre de rues, quelques-unes sont encore desservies par des fosses fixes et les eaux ménagères s'écoulent superficiellement avec les eaux de pluie.

Les écoles nouvelles, au contraire, ont été construites avec le souci absolu de donner à la population scolaire tout le confortable et le bien-être nécessaires à la santé. L'éclairage des salles est assuré par des fenêtres situées à gauche de l'écolier, c'est l'application du système unilatéral rendu obligatoire par une loi de 1870.

---

(1) A l'appui de ces notes, nous avons rapporté un certain nombre de plans (maisons ouvrières, lycée, hôpitaux, établissements de bains), que nous tenons à la disposition de l'Administration.

(2) L'enseignement primaire à Budapest a fait des progrès énormes grâce aux libéralités du Conseil communal, qui, dans ce but, inscrit annuellement à son budget une somme de 1 million de florins (2,500,000 francs). On compte actuellement à Budapest 165 écoles primaires, dont 99 entretenues par la ville, et 41 écoles maternelles.

L'emplacement limité à Budapest, comme à Paris, par les exigences locales et le prix élevé des terrains a malheureusement obligé les architectes à donner à quelques écoles une hauteur de trois étages, c'est cependant l'exception ; le plus souvent elles sont à un ou deux étages avec une hauteur sous plancher de 3 m. 50 à 4 mètres. Les classes séparées par des murs ou des cloisons en maçonnerie sont indépendantes, elles ouvrent toutes sur des larges couloirs d'accès. Les murs sont peints à l'huile d'un ton clair ; le parquet des salles est en chêne, les couloirs sont dallés et les escaliers sont partout en pierre.

Chaque école est pourvue d'une cour plus ou moins vaste suivant l'espace dont on dispose ; il n'y a pas de préau couvert. Mais comme les exercices de corps ont pris beaucoup d'extension en Hongrie, il existe une salle de gymnastique dans l'agencement de laquelle on a apporté un soin tout particulier.

Les questions de chauffage et de ventilation n'ont pas été négligées ; elles font l'objet de dispositions particulières qui permettent de maintenir dans les classes une température de 16° et de 14° dans la salle de gymnastique ; des thermomètres font connaître, dans chaque classe, le degré de la température. Dans quelques écoles on fait encore usage de poêles ; dans les plus récentes, on a eu recours au chauffage central à air chaud ou à eau chaude.

Les cabinets d'aisances sont installés sur écoulement direct partout où il y a un égout ; ils sont placés, dans chacun des étages, à proximité des classes, de sorte que les enfants n'ont pas à sortir à l'extérieur ; il y en a d'autres, dans la cour, situés dans le bâtiment même qui ne servent qu'au moment des récréations ; ceux-là ne sont pas chauffés.

Les cuvettes avec leur siphon sont posées sous des sièges en chêne dont le dessus mobile actionne une chasse d'eau ; les urinoirs, en fonte émaillée, sont lavés par des écoulements continus. Les eaux pluviales de la cour sont recueillies dans des siphons placés à une certaine profondeur au-dessous du sol, de manière à les mettre à l'abri des gelées ; des canalisations en fonte et en grès les recueillent pour les conduire à l'égout en même temps que les eaux ménagères et les vidanges.

Lycée ou « Gymnase »

L'enseignement secondaire est donné à Budapest dans des lycées ou « Gymnases » entretenus et dirigés par l'État. Il n'y en avait que deux en 1855, il y en a aujourd'hui seize avec un total de plus de 6,600 élèves.

Celui que nous avons visité, un des plus récents, construit en 1892, à l'angle des rues Harsfa et Wesselényi (VIIe arrondissement), occupe une surface de 3,000 mètres carrés ; les bâtiments établis en façade sur les rues laissent entre eux une cour intérieure de 1,400 mètres carrés environ. Ces bâtiments, aménagés pour recevoir 700 élèves externes, sont élevés de deux étages sur caves ; le rez-de-chaussée comprend l'administration, l'appartement du directeur, deux classes et une salle de gymnastique ; le premier étage, deux classes et une salle de fêtes ; et le deuxième étage, cinq classes, une salle de dessin et des salles de conférences.

Les galeries de dégagement éclairées sur la cour sont larges et carrelées en grès cérame. Les escaliers sont en pierre.

La salle de gymnastique mesure 21 m. 50 de longueur sur 8 mètres de largeur et 5 mètres de hauteur ; elle est chauffée par deux poêles calorifères et très convenablement ventilée.

Les salles pour classes ou études mesurent de 8 m. 50 à 10 mètres de longueur, 6 m. 50 de largeur et une hauteur de 4 m. 50 ; le plancher est en chêne, les murs et plafonds sont peints à l'huile et tous les angles sont arrondis. Les portes, généralement à deux vantaux, ouvrent sur les galeries ; l'éclairage des classes est unilatéral.

L'assainissement du « gymnase » est assuré par un réseau de canalisations en poterie de grès vernissé recueillant, sur leur parcours, les chutes d'aisances, les descentes d'eaux pluviales et ménagères et les eaux de surface des cours. Les tuyaux verticaux sont en métal avec joints en plomb.

Les cabinets d'aisances et les urinoirs ont été l'objet de soins spéciaux ; ils sont installés à chaque étage à l'intérieur des bâtiments et chauffés pendant l'hiver ; leur aménagement, avec cuvettes siphoïdes et chasses d'eau, donne toute garantie au point de vue de la salubrité.

A chaque groupe de cabinets est attenant un lavabo collectif dont l'évacuation est apparente et facilement accessible.

Les cabinets de la cour sont également compris dans les bâtiments, absolument semblables à ceux des classes, mais on n'y accède que de l'extérieur. Tous sont disposés pour s'asseoir ; le siège en bois, mobile, est ciré ; d'une façon générale leur état de propreté est remarquable.

Le lycée est chauffé par trois calorifères à eau chaude installés dans les sous-sols. Les conduits circulent le long et au bas des parois froides des classes ; ils présentent un développement proportionné au volume à chauffer.

Chaque calorifère comprend deux foyers ; les conduits de distribution sont en fer. Dans les allèges des croisées des salles et des galeries, sont disposées des surfaces chauffantes également en fer garnies d'ailettes ; l'air pris à l'extérieur pour la ventilation de la pièce se réchauffe à leur contact.

Les accessoires ordinaires comprennent un vase d'expansion avec indicateur de niveau, une pompe à main pour le remplissage, des thermomètres, manomètres, avertisseurs électriques, robinets de réglage, etc.

Les conduits, protégés par des enveloppes isolantes dans les sous-sols, sont apparents dans les étages ; mais les surfaces de chauffe, placées dans les baies des croisées, sont dissimulées sous des coffrages métalliques ajourés.

L'évacuation de l'air vicié dans chacune des salles est assurée par des gaines d'appel qui aboutissent à la cheminée vers laquelle convergent les carnaux des calorifères. Deux ventouses à fermeture mobile sont pratiquées sur ces gaines d'appel dans chacune des salles ; l'une dite « d'été » est placée à quelques centimètres au-dessous du plafond, et la seconde dite « d'hiver » ouvre au-dessus du plancher. Pendant l'été, le tirage de la cheminée est activé par un poêle placé dans le sous-sol.

Les autres établissements scolaires de Budapest, tout au moins les modernes, renferment à peu près les mêmes dispositions. On s'y est attaché, comme on le voit, à améliorer les conditions sanitaires si négligées autrefois : salles spacieuses, renouvellement de l'air, évacuation souterraine des eaux usées et des matières de vidange. Une de ces améliorations, et que nous ne jugeons pas la moins importante, consiste dans l'installation des water-closets à l'intérieur des bâtiments, ce qui permet de les chauffer pendant l'hiver ; il est à désirer que chez nous les mêmes errements viennent à prévaloir le plus tôt possible, surtout avec l'application de l'écoulement direct. On n'ignore pas que, dans nos écoles, les cabinets d'aisances placés dans les cours afin de se prémunir des émanations résultant de leur agencement vicieux sur fosses ou sur appareils mobiles exposent les enfants à toutes les intempéries de la mauvaise saison.

Hôpitaux.

L'un des hôpitaux de Budapest, récemment construit, montre toute l'activité que la municipalité apporte dans les questions si brûlantes aujourd'hui d'hygiène et d'assistance publiques.

Hôpital Saint-Ladislas.

Nous voulons parler de l'hôpital Saint-Ladislas, dont la construction ne fut achevée qu'en 1893, d'après les plans de M. Joseph Kauser, architecte en chef de la ville.

Cet hôpital est placé à l'extrémité Sud-sud-est de la ville et affecté spécialement au traitement des maladies infectieuses. Il comprend huit pavillons pour les malades, un bâtiment d'administration et des annexes : cuisine, pharmacie, magasins, buanderie, désinfection, salle des morts, etc... La surface occupée, y compris les cours et jardins, est de 5 h. 95 a.

Les pavillons renferment une salle commune de seize lits, des chambres spéciales aux isolés ou aux convalescents, contenant chacune quatre lits ou deux chambres avec un seul lit ; on y accède, aux extrémités, par deux vérandahs vitrées protégeant contre les courants d'air. Chacun d'eux comprend d'ailleurs une chambre pour infirmiers, un vestiaire, un office, une salle de bains et des water-closets.

Le plafond des salles communes est à deux rampants, de façon à faciliter l'évacuation de l'air vicié par des trémies placées à la partie supérieure sur la ligne de faîtage ; un matelas d'air servant d'écran thermique est ménagé entre la couverture et le plafond.

Tous les angles de la maçonnerie sont arrondis.

Les fenêtres sont placées des deux côtés et se font opposition ; l'imposte qui les surmonte est garnie de persiennes à lames mobiles en verre. Leurs baies mesurent 1 m. 20 c. de largeur et les trumeaux sont assez larges pour qu'il puisse y tenir deux lits suffisamment espacés.

Le sol est carrelé en matériaux de choix.

La construction a été établie de telle façon que les salles ne sont ni trop chaudes en hiver, ni trop froides en été ; les murs sont enduits et peints à l'huile.

L'hôpital est desservi par l'écoulement direct à l'égout ; à cet effet, il est traversé dans le sens de la longueur par des galeries souterraines, ovoïdes, à petite section, construites en béton de ciment aboutissant à l'égout public. Dans ces galeries débouchent des canalisations secondaires en tuyaux, drainant dans chaque bâtiment les eaux pluviales, les eaux ménagères et les vidanges. Des vannes de chasse et des regards de visite disposés en nombre suffisant permettent d'assurer l'entretien parfait des galeries et des canalisations.

Les cabinets d'aisances sont installés dans des locaux clairs, bien aérés et séparés des salles par un couloir ; les cuvettes en porcelaine, d'un seul morceau avec leur siphon, sont lavées par les chasses d'un réservoir à tirage ; le siège en bois verni, de forme ovale, est disposé en abattant ; les murs sont revêtus en carreaux de faïence et le sol est carrelé. Dans les pavillons réservés aux hommes, on a installé des urinoirs en porcelaine avec effet d'eau et évacuation siphonnée.

Les salles de bains attenantes à la salle commune comportent deux baignoires et un appareil de douches.

Des monte-charges permettent l'enlèvement par le sous-sol du linge sali par les malades.

Il n'existe pas de chauffage central, chaque pavillon est pourvu d'un circuit indépendant. La vapeur fournie par un générateur à basse pression circule dans les conduits et alimente deux calorifères à air chaud installés dans le sous-sol et des radiateurs disposés dans les allèges des croisées.

Nous avons dit qu'en été la ventilation naturelle se faisait par les fenêtres et par les trémies placées au plafond, en hiver elle est mécanique ; l'air est appelé de l'intérieur à l'extérieur, au moyen de gaines d'aspiration chauffées dont les orifices d'entrée sont placés haut et bas, dans les salles, de chaque côté des portes d'entrée.

L'air de renouvellement est pris à l'extérieur par une cheminée spéciale, à section rectangulaire, de 6 mètres de hauteur, recouverte par une toiture légère. Aspiré par un ventilateur actionné par une transmission électrique, il traverse d'abord une pluie d'eau froide, puis deux panneaux d'étoffe disposés parallèlement qui le tamisent et pénètre dans les salles en passant sur les surfaces de chauffe.

La cuisine, convenablement aménagée dans un local spécial, est ventilée par une cheminée d'appel dont le tirage est actionné par une couronne de gaz.

L'hôpital est pourvu d'une étuve à désinfection.

La buanderie, isolée dans un bâtiment à deux étages situé au fond de l'établissement, est agencée avec tous les perfectionnements possibles au point de vue de l'assainissement du linge et de sa conservation. Elle est actionnée par deux générateurs et une machine à vapeur de la force de quatre chevaux placés dans le rez-de-chaussée ; les appareils de lavage à fonctionnement mécanique, le séchoir à air chaud, les appareils de repassage et de pliage sont répartis dans les étages ; le séchoir à air libre est installé sous le comble.

Hôpital Sainte-Élisabeth.

Le deuxième hôpital que nous ayons eu l'occasion de visiter, en raison de son caractère tout spécial, est l'hôpital Sainte-Élisabeth, appartenant à la société de la Croix-Rouge. Il a été construit à Bude, route de Gyor, d'après les plans de M. Aloys Haussmann, sur un plateau de 4 h. 75 a., situé à 43 mètres au-dessus du niveau du Danube, d'où l'on découvre un panorama admirable.

Il est surtout disposé et aménagé pour servir en temps de guerre ou en temps d'épidémie. Dans son ensemble, il comporte plus de 800 lits.

En temps normal, la Société ne dispose que de 128 lits, dont 16 pour les indigents et 112 réservés aux malades payants ; les recettes servent à alimenter le budget de l'hôpital.

L'établissement comprend 16 bâtiments (pavillons, baraquements, administration et services) isolés entre des cours plantées et des jardins.

Les malades occupent actuellement les quatre pavillons qui, en temps de guerre, seraient réservés aux officiers et les baraquements destinés aux sous-officiers et soldats renferment le matériel d'ambulance (voitures de transport, brancards, lits, etc.) prêt à être mis en service.

Les bâtiments, comme le pavillon d'administration, sont construits en maçonnerie et élevés d'un rez-de-chaussée sur sous-sol et d'un étage. Les baraquements sont en charpente de bois avec remplissage en briques apparentes sur les parements extérieurs.

Le traitement à l'hôpital, exception faite naturellement pour les indigents, est de trois prix différents : 8 florins (18 francs) par jour pour la 1re classe, 4 florins (9 francs) pour la 2e classe et 1 florin 50 pour la 3e classe. Des chambres sont réservées aux malades des 1re et 2e classes, et des salles de 8 lits aux malades de 3e classe.

Chaque pavillon comprend : d'un côté, un service pour les hommes, et de l'autre, un service pour les femmes. Deux pavillons sont confiés à un personnel d'infirmières laïques et les deux autres à des religieuses.

Les cabinets d'aisances, les salles de bains et les lavabos, disposés dans les différents étages, sont installés avec tout le confort désirable et desservis par l'écoulement direct dans un réseau d'égouts composé de petites galeries et de canalisations largement ventilées et aménagées avec regards, entrées d'eau et chasses nécessaires pour assurer l'évacuation rapide jusqu'à l'égout public.

Des calorifères à air chaud et un système de ventilation convenablement installés dans les sous-sols, complètent l'assainissement de ces pavillons dont la tenue, à tous les points de vue, semble parfaite.

La cuisine et la buanderie, disposées dans des locaux séparés, sont agencées avec les meilleurs appareils et leur ventilation ne laisse rien à désirer.

Les baraquements, de 50 mètres de longueur sur 11 mètres de largeur, sont divisés en deux salles de 20 mètres de longueur séparées par les services : petite pharmacie, chambre des infirmiers, salle de bains avec deux baignoires et douches, et cabinets d'aisances avec urinoirs. Le chauffage est assuré de même que dans les pavillons par un calorifère à air chaud et la ventilation se fait par des appels haut et bas placés aux extrémités des salles, de chaque côté des entrées. Les fenêtres avec leurs impostes mobiles suffisent pour la ventilation pendant l'été.

Bains.

Budapest jouit d'une réputation universelle pour ses bains et ses eaux minérales.

Sur les différentes sources ont été construits de beaux et vastes établissements, parmi lesquels il faut citer :

Le Bain impérial, dans lequel mille personnes peuvent se baigner à la fois ; il renferme une salle pour bain de vapeur, un bassin de natation pour hommes et un deuxième pour dames, un bain de boue, des cabines particulières avec baignoire et douche, et 200 chambres.

Bains populaires.

Le bain Saint-Luc, dont l'installation est plus moderne et qui possède en outre deux bains populaires (bains pour hommes et bains pour femmes), dont l'entrée est fixée à 5 kreutzer, linge non compris. La construction de l'établissement pour hommes vient d'être terminée et nous avons pu le visiter dans tous ses détails. Le bâtiment, très coquettement installé, est de style oriental. On y accède par un large vestibule où se trouvent le bureau d'admission et la lingerie. Le vestiaire qui fait suite est très vaste et meublé de bancs en chêne et d'armoires-vestiaires.

Le baigneur revêt une sorte de jupe courte et trouve, avant la salle de bains, une piscine de nettoyage dans laquelle coule, sous un courant assez fort, une eau thermale dont la température est de 28°.

Ce premier lavage fait, il pénètre dans la salle occupée par la piscine principale. Cette salle, de 10 m. 50 c. de côté et de 7 mètres de hauteur, est fermée par une coupole de

6 m. 20 de montée, soit, au-dessous du poinçon, une hauteur totale de 13 m. 20. La piscine, de forme carrée, de 7 mètres de côté, aux angles arrondis, mesure, en profondeur, 1 m. 30 ; elle est entourée de gradins qui permettent de prendre pied sur le fond. L'eau qui alimente ce bassin marque une température de 30 à 32°.

En quittant la piscine, le baigneur passe dans une autre salle, dans laquelle il trouve un dernier bassin mesurant en plan 6 m. 50 sur 3 m. 50 et une profondeur de 1 m. 30, divisé en deux compartiments égaux par un mur de refend. L'un de ces compartiments est alimenté par de l'eau à 21° et l'autre par l'eau du Danube (16° à 17°).

Quand il a successivement traversé toutes ces piscines, le baigneur trouve une salle de gymnastique où il peut se livrer à quelques exercices violents ; puis il se rend dans une salle de douches desservies, comme les bassins, par des eaux de températures différentes.

La chambre d'essuyage fait suite et, à côté d'elle, des bains et douches de vapeur, et un salon de coiffure.

L'établissement est agencé pour recevoir, sans le moindre encombrement, 2,000 personnes par jour ; la moyenne journalière est de un millier, avec maximum de 1,800 les dimanches et jours de fêtes.

Ces bains sont, d'ailleurs, très appréciés par la population et très fréquentés.

Abattoirs.

La suppression des nombreux abattoirs privés qui n'étaient soumis à aucune surveillance est antérieure à 1870.

En 1867, la Municipalité mit au concours la construction d'un abattoir central sur la partie extérieure de l'avenue Soroksari, au sud de la ville, à 3 k. 2 h. de l'Hôtel de Ville et à 500 mètres du Danube. Le projet adopté est dû aux architectes Jules Henriche et Van der Hude ; il relève le sol de 9 mètres, de façon à mettre l'établissement à l'abri des plus grandes eaux du fleuve. Tous les bâtiments sont en briques avec socles, entablements et chaînes d'angles en pierre de taille.

L'entrée principale, d'un caractère monumental, est ornée de groupes d'animaux ; à droite et à gauche se trouvent l'administration, les étables, une série de hangars-abris et au milieu l'abattoir proprement dit, un château d'eau et le bâtiment des machines.

L'établissement communique directement avec le marché aux bestiaux qui est loin de présenter, même proportionnellement, l'ampleur et les dispositions du marché de La Villette.

Le bâtiment principal contient quarante abattoirs dont les parois intérieures sont revêtues en marbre ; le sol, carrelé en briques émaillées, présente des pentes suffisantes pour l'écoulement des eaux de lavage, qui sont recueillies dans des bouches siphonnées communiquant aux égouts. Ceux-ci sont formés de canalisations en tuyaux de grès et de galeries ovoïdes en béton, avec regards de visite et chasses d'eau pour assurer l'écoulement des liquides et l'entretien du réseau.

En arrière se trouvent des chambres réfrigérantes et des glacières.

L'établissement est bien installé, largement ventilé et surtout bien tenu.

RÉSUMÉ.

En résumé, l'idée générale qui se dégage du Congrès et que nous avons été heureux de constater, c'est la quasi-unanimité des opinions relatives à l'évacuation immédiate hors de la maison et hors de la ville des résidus de la vie journalière.

La ville de Budapest nous donne un exemple frappant des résultats qui peuvent être obtenus dans cette voie. Nous nous trouvons ici en présence d'une ville relativement moderne au moins par le développement prodigieux qu'elle a pris depuis quelques années. Aussi, s'il existe encore, dans les vieux quartiers, des traces non équivoques de l'imprévoyance, de l'insouciance même avec laquelle on négligeait, sans s'en douter, les règles les plus élémentaires de l'hygiène publique et privée, nous voyons au contraire la municipalité et la population, propriétaires, architectes, ingénieurs, constructeurs, apporter dans les quartiers neufs les perfectionnements les plus récents et les plus parfaits pour l'assainissement des habitations modernes. Un point particulier qui nous a beaucoup frappé, c'est de voir considérer comme facteurs importants de la santé publique, dans les écoles, dans les hôpitaux, dans les établissements publics et même dans un grand nombre de maisons de rapport, les questions de chauffage et de ventilation dont le rôle, malheureusement, nous parait avoir été un peu méconnu et négligé chez nous jusqu'ici. Sans doute, il est bon d'avoir de l'eau à profusion et d'assurer l'entraînement rapide des matières de vidange et des eaux d'égout, mais il est également essentiel de renouveler, en toute saison, l'air des locaux que nous occupons et de maintenir une température égale dans toutes les pièces habitées.

Nous rapportons encore de Budapest une impression que nous serions désireux de voir partager par ceux qui voudront bien nous lire, c'est celle qui résulte de l'importance, réelle à notre avis, des soins de propreté corporelle dont témoignent les nombreux dessins de bains populaires (piscines, baignoires et plus particulièrement bains-douches) qui figuraient à l'exposition d'hygiène, et dont la ville de Budapest nous a donné des exemples frappants que nous avons rappelés dans le cours de ce rapport.

L'influence heureuse sur la santé des bains pris régulièrement et fréquemment n'est pas plus contestée aujourd'hui qu'autrefois. La propreté individuelle est devenue plus nécessaire que jamais avec les grandes agglomérations modernes et les industries plus ou moins insalubres qui s'y exercent. Malheureusement, chez nous du moins, l'usage du bain est à peu près délaissé. On se contente en général de se laver chaque jour, quelquefois même assez sommairement, le visage et les mains, et le reste du corps ne voit jamais une goutte d'eau. Ceux même qui font usage des bains n'y recourent qu'exceptionnellement, et jamais d'une façon régulière et fréquente.

Sans doute Budapest, où l'on trouve des eaux thermales en abondance, peut être considérée comme une ville privilégiée au point de vue de la facilité que présente la création des bains populaires, mais nous avons eu l'occasion de voir son exemple suivi par d'autres villes étrangères tout à fait dépourvues sous ce rapport, et, en vérité, nous serions heureux de voir doter Paris d'établissements similaires, à prix réduit, dans les quartiers où la population est plus dense et moins aisée ; nous sommes intimement convaincu qu'elle en recueillerait un bien-être salutaire à sa santé corporelle et à sa moralité.

Paris, le 10 juin 1895.

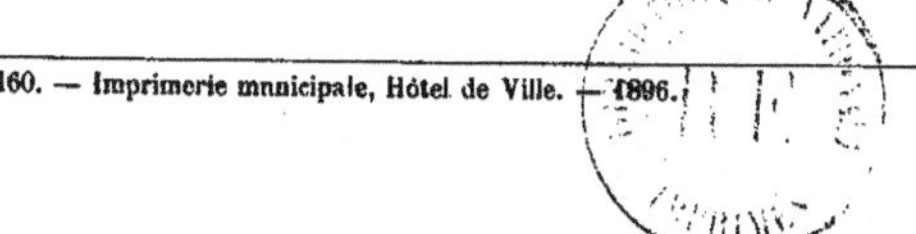